a transformação já começou.

iônica é o ambiente digital da **FTD Educação** que nasceu para conectar estudantes, famílias, professores e gestores em um só lugar.

uma plataforma repleta de recursos e facilidades, com navegação descomplicada e visualização adaptada para todos os tipos de tela: celulares, tablets e computadores.

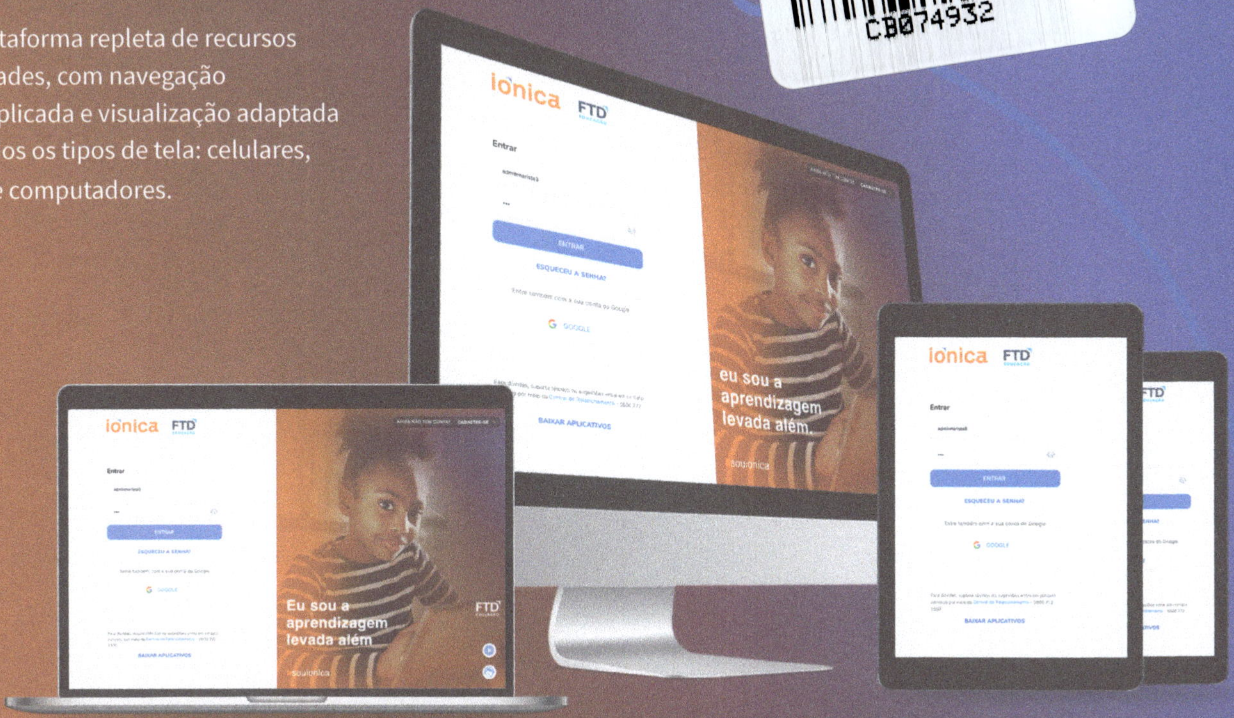

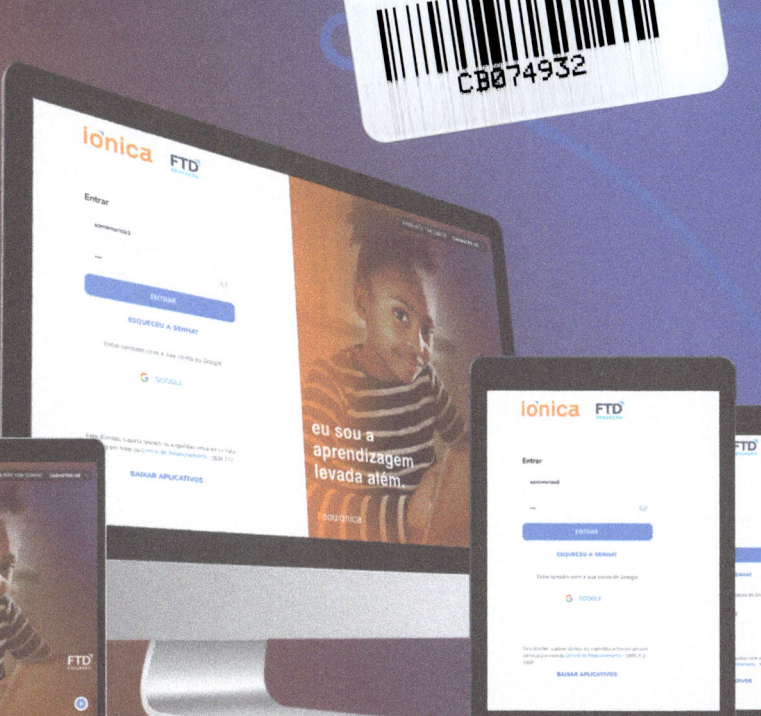

CB074932

É MUITO FÁCIL ACESSAR!

3VFbYvwN

9010102001459

1 escaneie o QR Code ao lado com a câmera do seu celular ou acesse souionica.com.br

2 insira seu usuário e sua senha. Caso não tenha, crie uma nova conta em Cadastre-se.

3 insira o código de acesso do seu livro.

4 encontre sua escola na lista e bons estudos!

iônica

Diálogo 1
Inter-religioso

Heloisa Silva de Carvalho

Pedagoga com especialização em Ensino Religioso pela Pontifícia Universidade Católica de São Paulo (PUC-SP) e mestre em Bíblia pelo Centro Bíblico Verbo. Autora de livros didáticos e paradidáticos de Ensino Religioso, atua como professora, coordenadora e formadora de professores, ministrando cursos para educadores e para agentes da pastoral na área bíblica. É membro do Centro Bíblico Verbo.

Jorge Silvino da Cunha Neto

Graduado em Filosofia e Pedagogia, pós-graduado em Currículo e Prática Educativa pela Pontifícia Universidade Católica do Rio de Janeiro (PUC-RJ) e mestre em Ciências da Religião pela Pontifícia Universidade Católica de São Paulo (PUC-SP). Professor de Ensino Religioso, Filosofia e História no Ensino Fundamental, Ensino Médio e Ensino Superior em São Paulo, desenvolve, com adolescentes, projetos sociais e de voluntariado e também dá orientação de projeto de vida.

1ª edição
São Paulo | 2021

FTD

Todos os direitos reservados à
FTD Educação
Matriz: Rua Rui Barbosa, 156 – Bela Vista – São Paulo – SP
CEP 01326-010 – Tel. (0-XX-11) 3598-6000
Caixa Postal 65149 – CEP da Caixa Postal 01390-970
Internet: www.ftd.com.br
E-mail: projetos@ftd.com.br

A coleção **Diálogo Inter-religioso** é um Projeto Editorial elaborado em parceria entre a FTD Educação e a União Marista do Brasil e desenvolvido a partir do Projeto Educativo do Brasil Marista e das Matrizes Curriculares de Educação Básica – Ensino Religioso.

Diretora editorial
Ceciliany Alves

Gerente editorial
Valéria de Freitas Pereira

Editora
Rosa Visconti Kono

Editoras assistentes
Amanda Valentin
Débora Andrade
Maria Clara Barcellos Fontanella

Revisão técnica
Renan Nascimento

Leitura crítica
Silvana Moretto de Souza

Preparadora
Bruna Perrella Brito

Revisora
Marta Lúcia Tasso

Supervisora de arte
Karina Mayumi Aoki

Projeto gráfico e capa
Sheila Moraes Ribeiro

Ilustração de capa
Bruna Assis Brasil

Ilustradores
Bruna Assis Brasil, Cris Eich,
Ilustra Cartoon, Isabela Santos

Diagramadora
Sheila Moraes Ribeiro

Iconografia
Supervisora
Elaine Bueno

Pesquisadoras
Erika Nascimento
Juliana Prado
Rosa André

Tratamento de imagem
Eziquiel Racheti

Diretor de operações e produção gráfica
Reginaldo Soares Damasceno

Dados Internacionais de Catalogação na Publicação (CIP)
(Câmara Brasileira do Livro, SP, Brasil)

Carvalho, Heloisa Silva de
    Diálogo inter-religioso, volume 1 / Heloisa Silva de Carvalho, Jorge Silvino da Cunha Neto. — 1. ed. — São Paulo : FTD, 2017.

    ISBN: 978-85-96-00988-1 (aluno)
    ISBN: 978-85-96-00989-8 (professor)

    1. Ensino religioso (Ensino fundamental) I. Cunha Neto, Jorge Silvino da. II. Título.

17-02767   CDD-377.1

Índices para catálogo sistemático:
1. Educação religiosa nas escolas   377.1
2. Ensino religioso nas escolas   377.1
3. Religião : Ensino fundamental   377.1

MÓDULO 1 — FESTAS DE FAMÍLIA

Sumário

VIVER E SE ENCANTAR, 4
CONSTRUINDO SABERES:
 CONHEÇA OS PERSONAGENS, 6
ARTE QUE ENCANTA: **ESTÁTUA**,
 DE ROSEANA MURRAY, 8
OS POVOS E O SAGRADO:
 BÍBLIA – CRISTIANISMO, 9
OUTROS OLHARES: CELEBRANDO O AMOR, 10
TEIA DO CONHECIMENTO, 11

PALAVRAS E GESTOS, 12
CONSTRUINDO SABERES: RITOS, 14
ARTE QUE ENCANTA: **A PROCISSÃO**,
 DE TARSILA DO AMARAL, 18
OS POVOS E O SAGRADO:
 FESTA DE PURIM – JUDAÍSMO, 19
OUTROS OLHARES: O AMOR PELA
 NATUREZA, 20
TEIA DO CONHECIMENTO, 21

FESTEJAR E CELEBRAR A VIDA, 22
CONSTRUINDO SABERES: FESTAS E CELEBRAÇÕES, 24
ARTE QUE ENCANTA: **FESTA DA
 ABÓBORA**, DE LUCIA BUCCINI, 28
OS POVOS E O SAGRADO: **A CANÇÃO
 DE MÍRIAM**, DE CHRISTIAN KÖHLER, 29
OUTROS OLHARES: RITUAL INDÍGENA, 30
TEIA DO CONHECIMENTO, 31

O QUE APRENDI, 32
PARA LER, 32
MEU CADERNO DE ATIVIDADES, 97

Capítulo 1

VIVER E SE ENCANTAR

PAI BOM, DONO DA TERRA E DO CÉU! [...]
QUEREMOS TE PEDIR PARA NOS AJUDAR E ILUMINAR O NOSSO CAMINHO, O NOSSO, O DA NOSSA FAMÍLIA, O DE NOSSOS FILHOS, PARENTES, VIZINHOS E IRMÃOS.

EMERSON GUARANI E BENEDITO PREZIA. **A CRIAÇÃO DO MUNDO E OUTRAS BELAS HISTÓRIAS INDÍGENAS.** SÃO PAULO: FORMATO, 2011. P. 52.

Novos horizontes

AS PESSOAS GOSTAM DE FESTEJAR DATAS IMPORTANTES COM A FAMÍLIA E OS AMIGOS.

- QUE FESTA ESTÁ SENDO COMEMORADA NA ILUSTRAÇÃO?
- VOCÊ JÁ PARTICIPOU DE UMA FESTA PARECIDA?
- LEMBRE-SE DE UMA FESTA DA QUAL GOSTOU MUITO. O QUE ESTAVA SENDO COMEMORADO?

Construindo saberes

CONHEÇA OS PERSONAGENS QUE VÃO ACOMPANHAR VOCÊ NOS ESTUDOS DURANTE ESTE ANO. ELES TAMBÉM GOSTAM DE FESTA.

SOU TAYNÃ, UMA INDÍGENA GUARANI. EU GOSTO DE BRINCAR E PINTAR MEU ROSTO NAS FESTAS DA COMUNIDADE. TUPÃ NOS PROTEJA!

OI. EU SOU O JOÃO PAULO. UMA DAS FESTAS DE QUE MAIS GOSTO É O NATAL. PAZ DE CRISTO!

SOU MIWA. MEUS AVÓS VIERAM DO JAPÃO. EU VOU SEMPRE AO TEMPLO COM ELES. O FESTIVAL DAS FLORES É MINHA FESTA FAVORITA.

OLÁ! SOU AKINS, QUE SIGNIFICA "VALENTE" EM IORUBÁ, UMA LÍNGUA FALADA NA ÁFRICA. NA MINHA RELIGIÃO, HÁ FESTAS DE CRIANÇA, COM DOCE E DANÇA. AXÉ!

"TENHO O NOME DE UM REI MUITO IMPORTANTE DO MEU POVO, O REI DAVI. UMA DAS FESTAS DA MINHA RELIGIÃO TEM MUITAS LUZES E UMA TENDA ONDE TODOS COMEM JUNTOS. SHALOM!"

"AS-SALAMU ALAIKUM! SIGNIFICA "A PAZ ESTEJA COM VOCÊ!". MEU NOME É AMIN, OU SEJA, "FIEL". MEUS PAIS VIERAM DA SÍRIA PARA O BRASIL. MINHA FAMÍLIA GOSTA MUITO DE FESTEJAR."

"SOU A SOFIA. MEU NOME QUER DIZER "SABEDORIA". TENHO ORIGEM AFRICANA E PORTUGUESA. QUANDO MINHA FAMÍLIA SE REÚNE, É UMA FESTA!"

- QUAL É SUA FESTA FAVORITA? COMENTE COM OS COLEGAS.

Arte que encanta

BRINCAR É MUITO DIVERTIDO E SAUDÁVEL!
PRESTE ATENÇÃO NA LEITURA QUE O(A) PROFESSOR(A) VAI FAZER.

ESTÁTUA

UM BANDO CORRE PELO QUINTAL:
MENINOS E MENINAS,
OS PÉS COMO SE FOSSEM DE VENTO,
E UM GRITO ANUNCIA:
ESTÁTUA!
PARADOS COMO POÇA D'ÁGUA,
MAS ALGUÉM SE MEXEU
E HÁ QUE PAGAR UMA PRENDA.

ROSEANA MURRAY. **BRINQUEDOS E BRINCADEIRAS**.
SÃO PAULO: FTD, 2014. P. 41.

- CONVERSE COM SEUS COLEGAS.
  A) VOCÊ JÁ BRINCOU DE ESTÁTUA?
  B) É POSSÍVEL BRINCAR DE ESTÁTUA SOZINHO? POR QUÊ?

Os povos e o sagrado

O(A) PROFESSOR(A) VAI LER PARA VOCÊ ESTE TEXTO SAGRADO. ELE FOI RETIRADO DA BÍBLIA. QUEM O ESCREVEU ESTAVA AGRADECIDO E ALEGRE POR SUA VIDA.

> PELA MANHÃ, DEUS NOS ALIMENTA COM O SEU AMOR, E ASSIM TODA A NOSSA VIDA CONTINUA SENDO FESTA E ALEGRIA.
>
> BÍBLIA, SALMO 90, VERSÍCULO 14.

Samuel Borges Photography/Shutterstock.com

- CADA DIA QUE VIVEMOS É UM PRESENTE. COMO VOCÊ AGRADECE ESSE PRESENTE? DESENHE.

Saiba mais

A BÍBLIA É A REUNIÃO DOS LIVROS SAGRADOS DOS CRISTÃOS. UM DESSES LIVROS É CHAMADO DE SALMOS. ELE CONTÉM ORAÇÕES, POEMAS E HINOS.

Sters/Shutterstock.com

Outros olhares

É IMPORTANTE CELEBRAR O AMOR!

1. OBSERVE A TIRINHA A SEGUIR E CONVERSE COM SEUS COLEGAS.

A) COMO OS PERSONAGENS DEMONSTRARAM SEU AMOR PELO AMIGO?

B) O QUE SIGNIFICAM OS CORAÇÕES QUE APARECEM NA TIRINHA?

2. VOCÊ SE LEMBRA DE UM PRESENTE DE QUE GOSTOU MUITO?

☐ SIM.

☐ NÃO.

A) O QUE ERA ESSE PRESENTE?

B) QUEM DEU ESSE PRESENTE PARA VOCÊ?

3. E VOCÊ, JÁ DEU PRESENTES PARA ALGUÉM DE QUEM GOSTA MUITO? QUEM ERA ESSA PESSOA?

 Diálogos

ASSIM COMO CUIDAMOS DE QUEM GOSTAMOS, PARTICIPANDO DAS BRINCADEIRAS, FAZENDO FESTA, DANDO PRESENTES, TAMBÉM DEVEMOS CUIDAR DO PLANETA.

QUE PRESENTE VOCÊ DARIA AO NOSSO PLANETA?

Teia do conhecimento

EXISTEM DIFERENTES MOTIVOS E MANEIRAS DE FESTEJAR EM FAMÍLIA E COM AMIGOS, MAS TODOS OS POVOS E CULTURAS COSTUMAM CELEBRAR O AMOR E A VIDA!

Atividades

1. CONVERSE COM SEUS COLEGAS: TODAS AS PESSOAS QUE VOCÊ CONHECE COSTUMAM COMEMORAR O ANIVERSÁRIO?

2. PENSE EM UMA SURPRESA PARA DEIXAR SOFIA AINDA MAIS FELIZ EM SEU ANIVERSÁRIO. REGISTRE ABAIXO SUA IDEIA.

Capítulo 2

PALAVRAS E GESTOS

EM CASA TEMOS UM **BUTSUDAN**: UM PEQUENO ALTAR DIANTE DO QUAL REZAMOS EM FAMÍLIA. HÁ UMA IMAGEM DE BUDA, PLACAS COM OS NOMES DOS NOSSOS ANCESTRAIS E BASTÕES DE INCENSO.

BENOIT MARCHON E JEAN-FRANÇOIS KIEFFER. **AS GRANDES RELIGIÕES DO MUNDO.** SÃO PAULO: PAULINAS, 2011. P. 29.

Novos horizontes

ASSIM COMO COMEMORAMOS NOSSO ANIVERSÁRIO TODOS OS ANOS, VOCÊ JÁ REPAROU COMO REPETIMOS CERTOS GESTOS TODOS OS DIAS? ESCOVAMOS OS DENTES APÓS AS REFEIÇÕES, APAGAMOS AS LUZES QUANDO DEIXAMOS UM AMBIENTE...

- QUAIS SÃO AS SITUAÇÕES REPRESENTADAS NA ILUSTRAÇÃO?
- VOCÊ JÁ PASSOU POR SITUAÇÕES COMO ESSAS? QUAIS?

Construindo saberes

"COSTUMO ENTRAR NO CARRO PARA IR À ESCOLA SÓ DEPOIS DE ME DESPEDIR DA MINHA FAMÍLIA."

RITOS SÃO AS PALAVRAS QUE FALAMOS E OS GESTOS ESPECIAIS QUE FAZEMOS SEMPRE DO MESMO MODO E COM O MESMO SENTIDO.

HÁ RITOS QUE SÃO DO DIA A DIA, COMO UM APERTO DE MÃO PARA CUMPRIMENTAR AS PESSOAS.

HÁ TAMBÉM OS RITOS CHAMADOS CÍVICOS, COMO HASTEAR A BANDEIRA DO BRASIL, CANTAR O HINO NACIONAL E DESFILAR...

1. AJUDE SOFIA A ENCONTRAR O CAMINHO PARA UM RITO QUE REALIZAMOS NO DIA A DIA.

AS TRADIÇÕES RELIGIOSAS TAMBÉM TÊM SEUS RITOS. NELES, HÁ DEMONSTRAÇÃO DE FÉ NO TRANSCENDENTE. NESSES MOMENTOS ESPECIAIS, AS PESSOAS EXPRESSAM SUA FÉ E ALEGRIA POR UM ACONTECIMENTO IMPORTANTE, COMO O NASCIMENTO DE UMA CRIANÇA.

OS MOMENTOS MARCANTES DA VIDA DE LÍDERES RELIGIOSOS TAMBÉM SÃO CELEBRADOS NOS RITOS SAGRADOS.

OS BUDISTAS COMEMORAM A FESTA DAS FLORES NO DIA DO NASCIMENTO DE BUDA: 8 DE ABRIL.

2. PINTE DE VERDE O QUE É RITO RELIGIOSO E DE VERMELHO O QUE NÃO É.

MUITOS ELEMENTOS SIMBÓLICOS SÃO UTILIZADOS NOS RITOS RELIGIOSOS, COMO ROUPAS ESPECIAIS, ENFEITES, INSTRUMENTOS MUSICAIS, DANÇAS, LIVROS SAGRADOS, VELAS ETC.

ELEMENTOS DA NATUREZA, COMO A ÁGUA E O FOGO, TAMBÉM APARECEM EM MUITOS RITOS.

INDÍGENAS GUARANIS NA ALDEIA DE PIRAQUÊ-AÇU, EM ARACRUZ, ESPÍRITO SANTO, 2014.

PRATICANTES DO CANDOMBLÉ COM OFERENDAS NA FESTA DE IEMANJÁ, EM CACHOEIRA, BAHIA, 2014.

EM MUITOS RITOS AS PESSOAS TAMBÉM USAM FLORES, ERVAS E OUTROS OBJETOS.

VOCÊ SABIA QUE OS RITOS TÊM ALGUMAS CARACTERÍSTICAS?

VOU À MISSA TODOS OS DOMINGOS.

NA MINHA RELIGIÃO, COMEÇAMOS NOSSA ORAÇÃO COM AS MÃOS LEVANTADAS, DEPOIS RECITAMOS A ORAÇÃO E TERMINAMOS INCLINANDO O CORPO. A ORAÇÃO TEM COMEÇO, MEIO E FIM.

3. MARQUE COM **X** AS CARACTERÍSTICAS DE UM RITO.

☐ OS RITOS ACONTECEM APENAS UMA VEZ.

☐ OS RITOS TÊM COMEÇO, MEIO E FIM.

☐ OS RITOS SÃO FEITOS DE QUALQUER FORMA.

☐ OS RITOS ACONTECEM MUITAS VEZES.

- LEIA O QUADRO ABAIXO E CONFIRA SE VOCÊ ACERTOU.

CARACTERÍSTICAS DOS RITOS RELIGIOSOS

ACONTECEM MUITAS VEZES.

TÊM COMEÇO, MEIO E FIM.

SÃO REALIZADOS SEMPRE DO MESMO MODO.

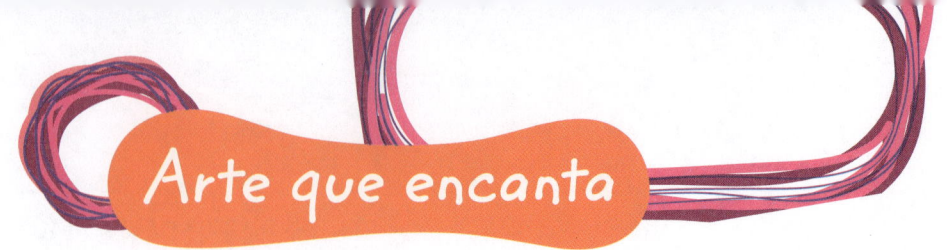

Arte que encanta

OBSERVE A OBRA **A PROCISSÃO**, DE TARSILA DO AMARAL. PODEMOS VER ALGUMAS PESSOAS SEGURANDO VELAS.

ACENDER VELAS FAZ PARTE DE ALGUNS RITOS RELIGIOSOS. AS VELAS SIMBOLIZAM A ILUMINAÇÃO DE NOSSA VIDA.

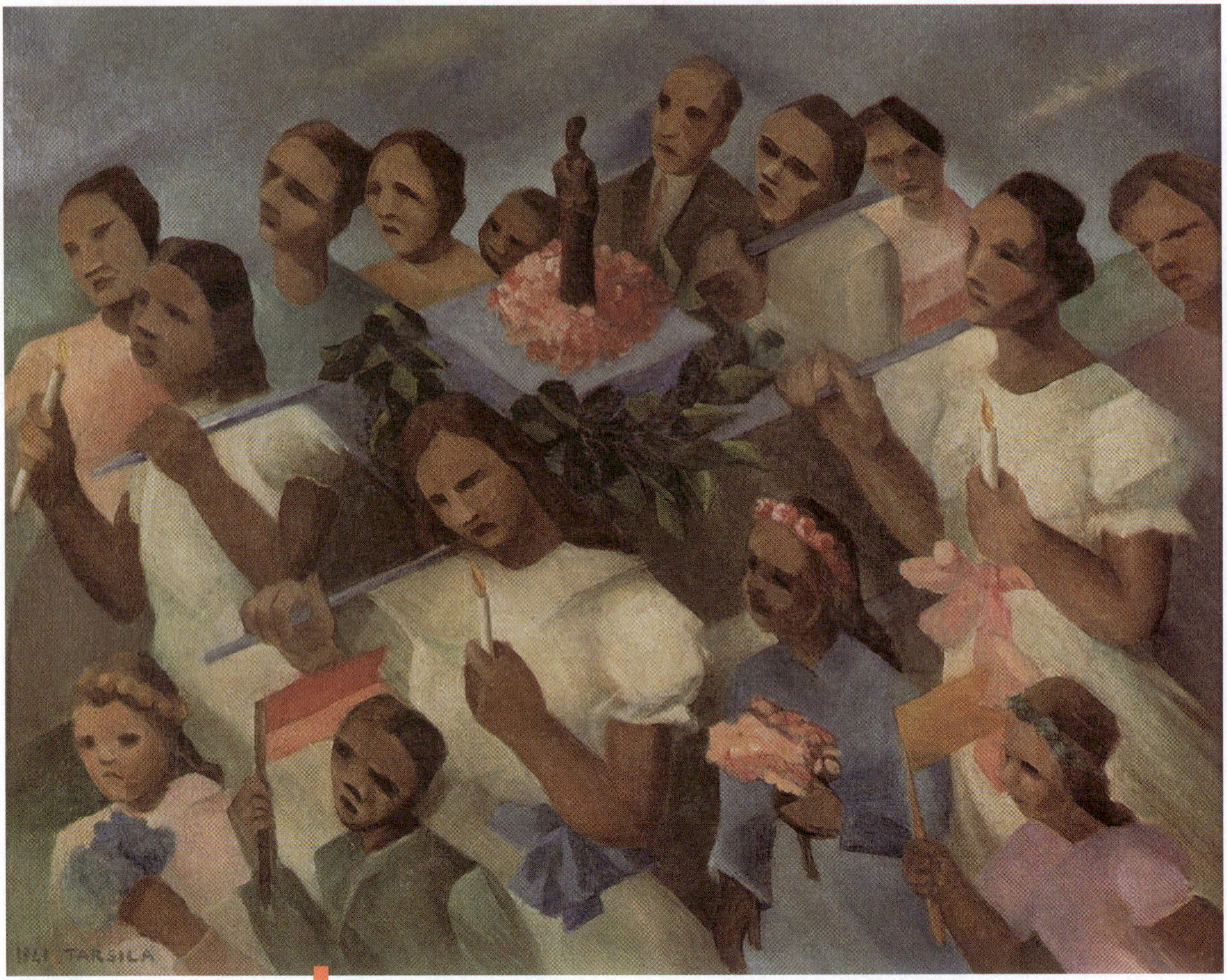

Tarsila do Amaral. 1941. Óleo sobre tela. Acervo Associação Paulista de Medicina. (c) Tarsila do Amaral Empreendimentos.

A PROCISSÃO, DE TARSILA DO AMARAL, 1941.

- CONVERSE COM SEUS COLEGAS.
  - A) QUEM SÃO AS PESSOAS QUE APARECEM NA OBRA?
  - B) O QUE AS PESSOAS LEVAM NAS MÃOS, ALÉM DAS VELAS?
  - C) POR QUE SERÁ QUE O TÍTULO DESSA OBRA É **A PROCISSÃO**?

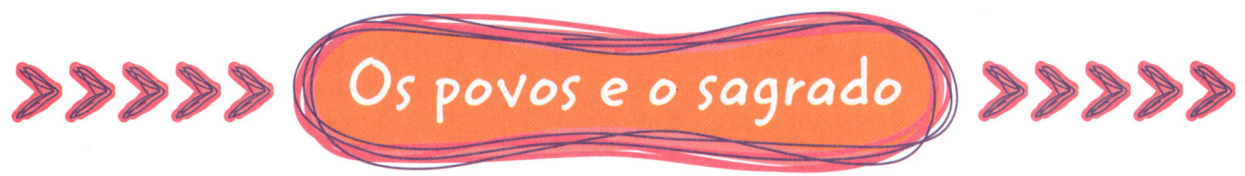

Os povos e o sagrado

O PURIM É UM EVENTO MUITO IMPORTANTE PARA O POVO DA TRADIÇÃO RELIGIOSA JUDAICA. NELE CELEBRA-SE A LIBERDADE!

MUITAS FAMÍLIAS PREPARAM DOCES E OS COLOCAM EM CAIXAS OU PRATOS BEM DECORADOS.

> BENDITO ÉS TU, ADONAI, NOSSO DEUS, REI DO UNIVERSO, QUE NOS DEU VIDA, NOS MANTEVE E NOS FEZ CHEGAR ATÉ A PRESENTE ÉPOCA.
>
> BÊNÇÃO JUDAICA.

Menahem Kahana/AFP

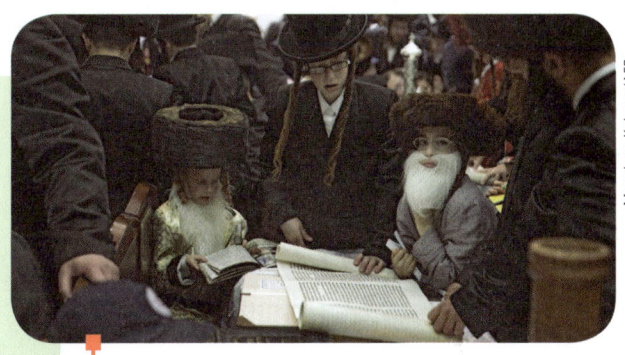

CRIANÇAS LENDO TEXTOS SAGRADOS EM UMA SINAGOGA ISRAELENSE, DURANTE A FESTA DE PURIM.

- AJUDE DAVI A CHEGAR AONDE AS CRIANÇAS ESTÃO COMEMORANDO A FESTA DE PURIM.

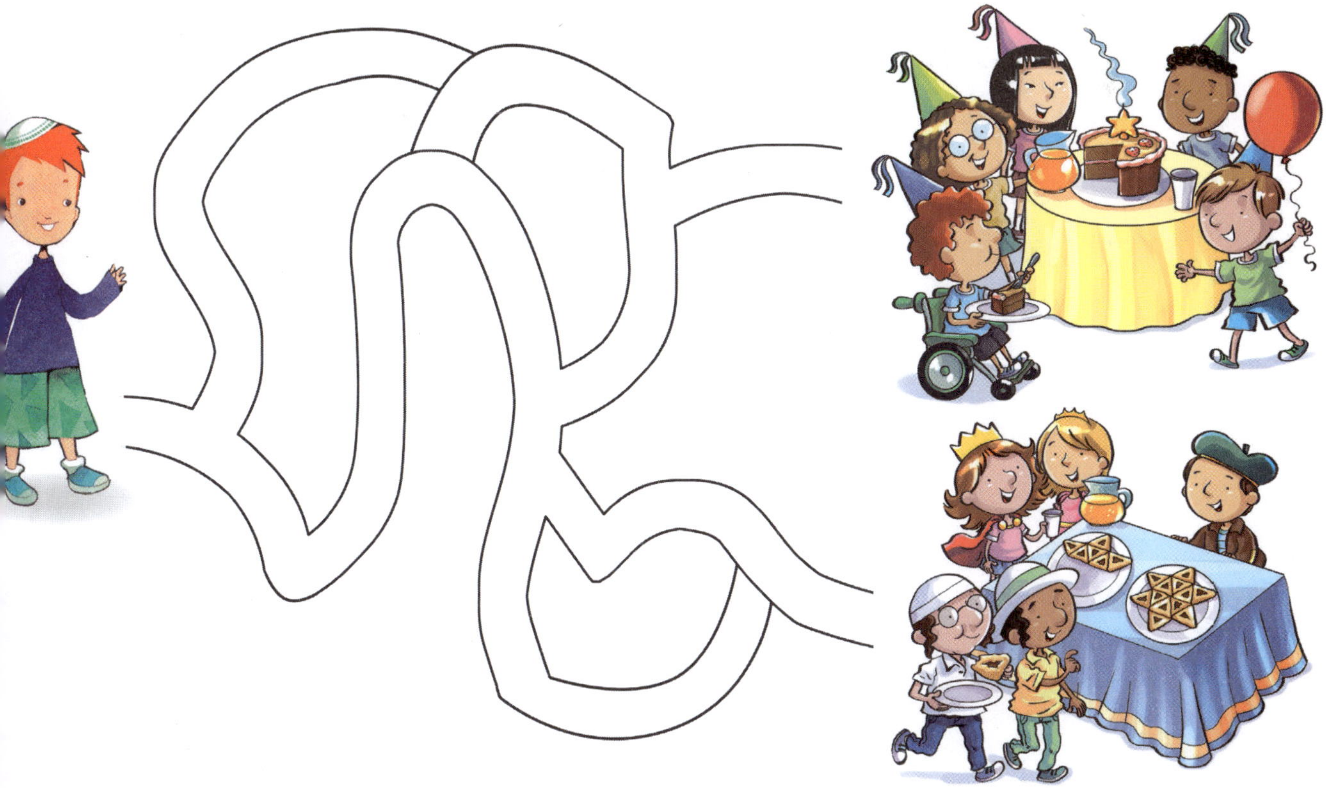

OBSERVE A HISTÓRIA EM QUADRINHOS A SEGUIR.

- CONVERSE COM OS COLEGAS SOBRE AS QUESTÕES ABAIXO.

  A) CHICO BENTO AMA A NATUREZA? POR QUÊ?

  B) O QUE CHICO BENTO FEZ PARA DEMONSTRAR SEU AMOR POR ROSINHA?

Biografia

CHICO MENDES NASCEU EM XAPURI, ACRE, EM 1944. SUA LUTA PELA PRESERVAÇÃO DA AMAZÔNIA O TORNOU MUITO CONHECIDO. FALECEU EM XAPURI, EM 1988.

Teia do conhecimento

É MUITO INTERESSANTE CONHECER DIFERENTES RITOS RELIGIOSOS. VAMOS RESPEITAR AS DIFERENÇAS!

VOCÊ SABIA QUE O TORÉ É UM RITO QUE CELEBRA A AMIZADE ENTRE AS ALDEIAS INDÍGENAS?

NUNCA TIVE CURIOSIDADE DE CONHECER RITOS DE OUTRAS RELIGIÕES. TALVEZ DEVESSE!

Atividades

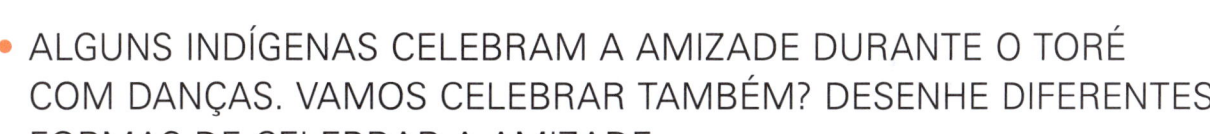

- ALGUNS INDÍGENAS CELEBRAM A AMIZADE DURANTE O TORÉ COM DANÇAS. VAMOS CELEBRAR TAMBÉM? DESENHE DIFERENTES FORMAS DE CELEBRAR A AMIZADE.

Capítulo 3

FESTEJAR E CELEBRAR A VIDA

O CARAMUJO
DO SONO DESPERTOU,
PENSANDO ALEGRE:
— O DIA JÁ RAIOU!

FERRUCCIO VERDOLIN FILHO.
CONFUSÃO NO JARDIM.
SÃO PAULO: FTD, 2006. P. 11.

Novos horizontes

A ILUSTRAÇÃO REPRESENTA UM DIA DE COMEMORAÇÃO.

- O QUE AS CRIANÇAS ESTÃO FAZENDO?
- SE VOCÊ ESTIVESSE PARTICIPANDO DESSA FESTA, O QUE MAIS GOSTARIA DE FAZER?
- EM SUA OPINIÃO, PLANTAR UMA ÁRVORE É UMA FORMA DE CELEBRAR A VIDA?

Construindo saberes

O SER HUMANO SENTE VONTADE DE FESTEJAR E CELEBRAR MOMENTOS IMPORTANTES DE SUA VIDA. POR EXEMPLO:

O NASCIMENTO.

O ANIVERSÁRIO DE UMA PESSOA QUERIDA.

UMA VITÓRIA CONQUISTADA.

AS RELIGIÕES TAMBÉM FESTEJAM SEUS MOMENTOS IMPORTANTES. VAMOS CONVERSAR SOBRE A IMPORTÂNCIA DAS FESTAS E CELEBRAÇÕES RELIGIOSAS?

1. VOCÊ JÁ PARTICIPOU DE UMA FESTA RELIGIOSA? DE QUAL? REGISTRE ABAIXO.

AS FESTAS APROXIMAM AS PESSOAS QUE PERTENCEM À MESMA TRADIÇÃO RELIGIOSA, CRIAM LAÇOS DE AMOR E FRATERNIDADE ENTRE ELAS E AJUDAM A FÉ A FICAR MAIS FORTE.

FESTA JUNINA NA ORLA DE ATALAIA, EM ARACAJU, SERGIPE.

DEVOTOS DO CANDOMBLÉ EM HOMENAGEM A IEMANJÁ, EM AMOREIRAS, BAHIA.

FESTEJAR NOS APROXIMA DAS PESSOAS.

AS FESTAS FORTALECEM A AMIZADE ENTRE OS MEMBROS DO GRUPO.

FESTAS FAZEM A FÉ DAS PESSOAS FICAR MAIS FORTE.

VEJA UM EXEMPLO DE FESTA QUE REÚNE A COMUNIDADE: A **CONGADA DE SÃO BENEDITO**.

NELA, PESSOAS CELEBRAM E FESTEJAM A ALEGRIA DE VIVER E CONVIVER.

CONGADA DE SÃO BENEDITO EM ILHABELA, SÃO PAULO, 2011.

NESSA FESTA ACONTECE UMA PROCISSÃO, E AS PESSOAS CANTAM E DANÇAM ATÉ CHEGAREM À IGREJA, ONDE ENCENAM A COROAÇÃO DE UM REI E DE UMA RAINHA.

Conectado

A CONGADA DE SÃO BENEDITO CELEBRA A COROAÇÃO DE UM REI E DE UMA RAINHA DE UM LUGAR MUITO DISTANTE: O REINO DO CONGO, NA ÁFRICA.

2. CONVERSE COM SEUS COLEGAS E COM O(A) PROFESSOR(A) SOBRE UMA FESTA QUE ACONTECE NA SUA CIDADE. REGISTRE AQUI.

Arte que encanta

EM MUITOS LUGARES DO BRASIL, AS PESSOAS COMEMORAM, POR EXEMPLO, A COLHEITA DE ALIMENTOS DA REGIÃO. ESSAS FESTAS TÍPICAS JÁ FORAM RETRATADAS POR ALGUNS ARTISTAS.

VAMOS CONHECER UMA DELAS?

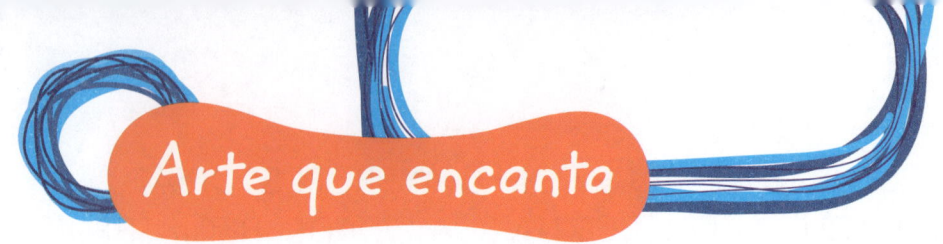

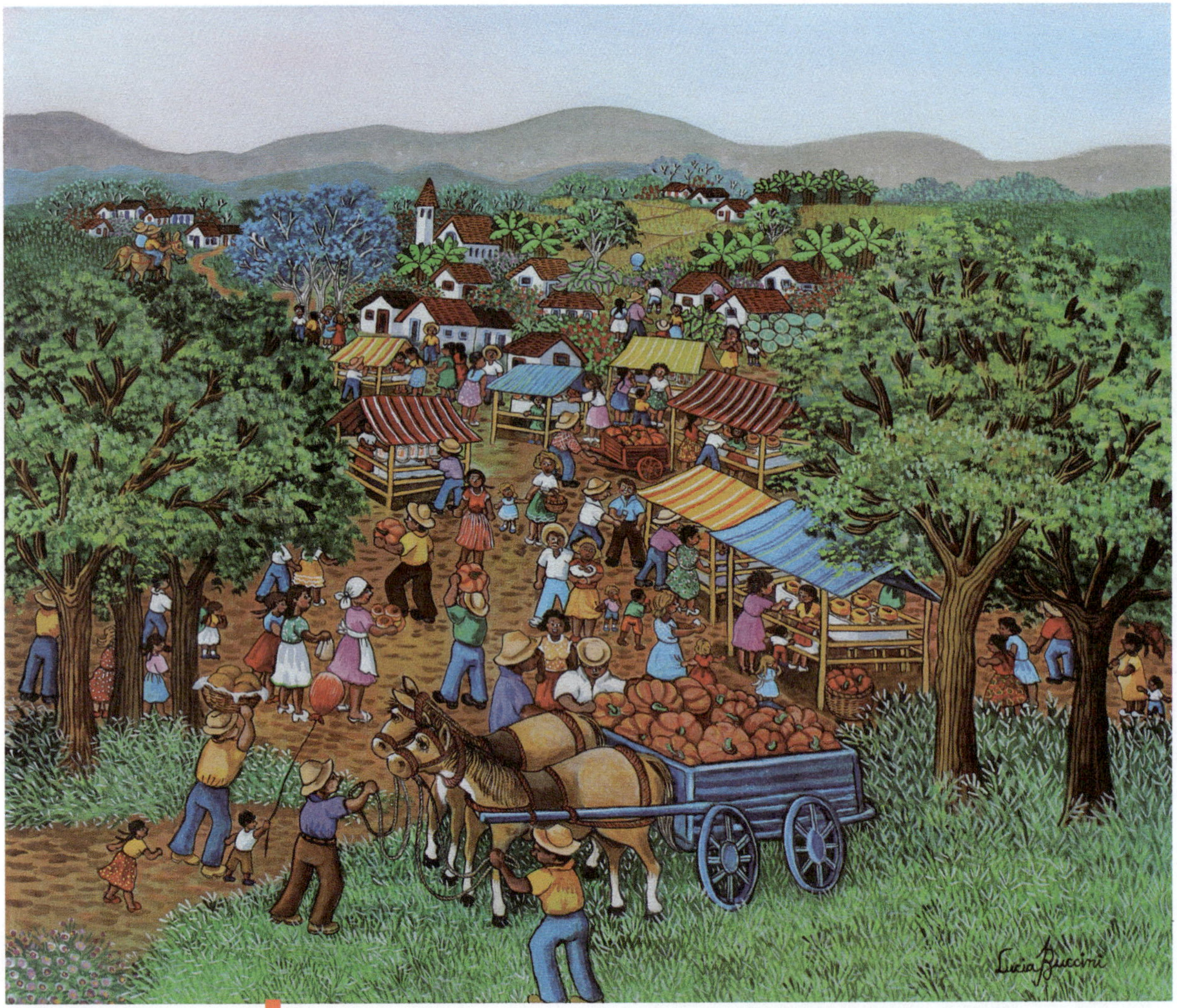

Lucia Buccini. 2016. Óleo sobre tela. Galeria Jacques Ardies, São Paulo

FESTA DA ABÓBORA, DE LUCIA BUCCINI, 2016.

- OBSERVE A OBRA DE ARTE E COMENTE COM OS COLEGAS.
  - **A)** QUAIS ELEMENTOS NA IMAGEM REMETEM À COMEMORAÇÃO?
  - **B)** VOCÊ ACREDITA QUE TODAS AS PESSOAS DA COMUNIDADE PARTICIPARAM DA ORGANIZAÇÃO DA FESTA? POR QUÊ?

Os povos e o sagrado

A MÚSICA É IMPORTANTE NAS FESTAS RELIGIOSAS PORQUE NOS AJUDA A EXPRESSAR A FÉ QUE TEMOS.

MÍRIAM, IRMÃ DE MOISÉS, E OUTRAS MULHERES EXPRESSARAM SUA ALEGRIA POR ESTAREM LIVRES DA ESCRAVIDÃO NO EGITO. ELAS SAÍRAM DANÇANDO E CANTANDO, LOUVANDO A DEUS PELA LIBERTAÇÃO.

> MÍRIAM PEGOU UM TAMBORIM, E AS MULHERES SAÍRAM ATRÁS DELA DANÇANDO. MÍRIAM DIZIA ALTO: "CANTEM A DEUS, PORQUE ELE É BOM".
>
> BÍBLIA, ÊXODO, CAPÍTULO 15, VERSÍCULOS 20 E 21.

A CANÇÃO DE MÍRIAM, DE CHRISTIAN KÖHLER, 1836.

Christian Köhler. 1809-1861. Óleo sobre tela. Coleção Particular.

- OBSERVE A PINTURA **A CANÇÃO DE MÍRIAM**. LOCALIZE MÍRIAM NA OBRA E, EM SEGUIDA, DESENHE O INSTRUMENTO MUSICAL QUE ELA ESTÁ TOCANDO.

Outros olhares

O(A) PROFESSOR(A) VAI FAZER A LEITURA DE UM TEXTO SOBRE UM RITUAL INDÍGENA DE HOMENAGEM AOS MORTOS CHAMADO KUARUP.

O RITUAL DOS MORTOS É UMA DAS FESTAS MAIS IMPORTANTES PARA OS INDÍGENAS. [...] TODOS PINTAM O CORPO E SE ENFEITAM COM COCARES, BRACELETES, COLARES COLORIDOS, CANTAM E DANÇAM PORQUE ACREDITAM QUE OS MORTOS NÃO GOSTAM DE VER OS VIVOS TRISTES NEM FEIOS.

SILVANA SALERNO. **VIAGEM PELO BRASIL EM 52 HISTÓRIAS**. SÃO PAULO: COMPANHIA DAS LETRINHAS, 2016. P. 46.

INDÍGENAS DA ALDEIA YAWALAPITI DANÇANDO O KUARUP, EM GAÚCHA DO NORTE, MATO GROSSO, 2012.

- O QUE OS INDÍGENAS FAZEM NO KUARUP PARA AGRADAR OS MORTOS? REGISTRE ABAIXO.

Teia do conhecimento

FESTEJAR É UMA FORMA DE CELEBRAR A VIDA E AGRADECER POR ELA! CONHECER AS DIVERSAS FESTAS QUE FAZEM PARTE DE DIFERENTES TRADIÇÕES RELIGIOSAS NOS AJUDA A RESPEITAR AINDA MAIS NOSSO SEMELHANTE. SOFIA E DAVI, PENSANDO NISSO, CONVERSAM SOBRE AS FESTAS QUE ESTUDARAM.

- EU SÓ CONHECIA ALGUMAS FESTAS!
- EU TAMBÉM! MAS GOSTEI DE TODAS ELAS!
- QUAL É MAIS INTERESSANTE PARA VOCÊ?
- NÃO SEI...
- VAMOS, DAVI. PENSE UM POUCO!

Atividades

- VOCÊ CONHECEU ALGUMAS FESTAS RELIGIOSAS. QUAL FOI A FESTA QUE VOCÊ ACHOU MAIS INTERESSANTE?

_____
_____
_____
_____

- VAMOS RELEMBRAR O QUE VIMOS. MARQUE COM UM **X** AS ILUSTRAÇÕES QUE MOSTRAM O QUE VOCÊ APRENDEU.

  A) UMA CRIANÇA LENDO UM TEXTO SAGRADO.

  B) UMA CRIANÇA REALIZANDO UM RITO DIÁRIO.

  C) UMA CRIANÇA CELEBRANDO A VIDA.

O PRESENTE DE ANIVERSÁRIO, DE ELLEN PESTILI. SÃO PAULO: FTD, 2006.

TODO DIA ERA DIA DE GANHAR PRESENTE PARA O LEITÃOZINHO TORRESMINHO. MAS AQUELE ERA UM DIA ESPECIAL: O SEU ANIVERSÁRIO. POR UM PRESENTE COMO AQUELE ELE NÃO ESPERAVA.

MÓDULO 2 — HISTÓRIAS DE FAMÍLIA

Sumário

CAPÍTULO 1

HISTÓRIAS PARA APRENDER E VIVER, 34
CONSTRUINDO SABERES: TRADIÇÕES RELIGIOSAS, 36
ARTE QUE ENCANTA: PINTURA NO SÍTIO ARQUEOLÓGICO XIQUE-XIQUE, 40
OS POVOS E O SAGRADO: HISTÓRIA DA TRADIÇÃO INDÍGENA, 41
OUTROS OLHARES: CULTURA INDÍGENA, 42
TEIA DO CONHECIMENTO, 43

CAPÍTULO 2

ABRINDO UM IMPORTANTE BAÚ, 44
CONSTRUINDO SABERES: OBJETOS E SÍMBOLOS, 46
ARTE QUE ENCANTA: **POMBA DA PAZ**, DE PABLO PICASSO, 50
OS POVOS E O SAGRADO: UM SÍMBOLO CRISTÃO, 51
OUTROS OLHARES: ESTÁTUA – SÍMBOLO RELIGIOSO, 52
TEIA DO CONHECIMENTO, 53

CAPÍTULO 3

LUGARES DE FESTA E DE ENCONTRO, 54
CONSTRUINDO SABERES: NATUREZA E ESPAÇO RELIGIOSO, 56
ARTE QUE ENCANTA: **RODA INFANTIL**, DE CANDIDO PORTINARI, 60
OS POVOS E O SAGRADO: SALMO – CRISTIANISMO, 61
OUTROS OLHARES: MESQUITA ROSA, 62
TEIA DO CONHECIMENTO, 63

O QUE APRENDI, 64
PARA OUVIR, 64
MEU CADERNO DE ATIVIDADES, 97

Capítulo 1

HISTÓRIAS PARA APRENDER E VIVER

MESMO ANTES DE O MUNDO EXISTIR, JÁ HAVIA UM LIVRO CONTANDO TODA A SUA HISTÓRIA, SEU PRESENTE, PASSADO E TUDO O QUE ESTAVA POR VIR: A TORÁ.

ILAN BRENMAN. **O SENHOR DO BOM NOME E OUTROS MITOS JUDAICOS**. SÃO PAULO: COSAC NAIFY, 2011. P. 7.

Novos horizontes

NO BRASIL, MUITAS FAMÍLIAS COSTUMAM TER UMA TRADIÇÃO RELIGIOSA.

- SUA FAMÍLIA PERTENCE A ALGUMA TRADIÇÃO RELIGIOSA? SE SIM, QUAL É O NOME DELA?
- OS ENSINAMENTOS RELIGIOSOS QUE AS PESSOAS NOS TRANSMITEM PODEM NOS AJUDAR A CONVIVER MELHOR COM OS OUTROS?

Construindo saberes

VAMOS CONVERSAR SOBRE TRADIÇÕES RELIGIOSAS?

MINHA FAMÍLIA É BEM RELIGIOSA. VAMOS À MISSA TODOS OS DOMINGOS.

NA MINHA FAMÍLIA, HÁ TAMBÉM PESSOAS CRISTÃS CATÓLICAS E EVANGÉLICAS.

NA MINHA FAMÍLIA, HÁ TAMBÉM ESPÍRITAS, BUDISTAS E MUÇULMANOS.

MEUS AVÓS TROUXERAM DE PORTUGAL MÚSICAS, COMIDAS E DANÇAS.

OS AVÓS OU AS PESSOAS MAIS VELHAS DA FAMÍLIA GUARDAM NA MEMÓRIA MUITAS HISTÓRIAS, COSTUMES RELIGIOSOS E FAMILIARES.

ELES NOS AJUDAM A OLHAR PARA NOSSAS ORIGENS, ISTO É, PARA O LOCAL DE ONDE VIEMOS, E PARA OS COSTUMES DE NOSSOS ANTEPASSADOS.

A HISTÓRIA E OS COSTUMES RELIGIOSOS DE NOSSAS FAMÍLIAS ESTÃO MUITO LIGADOS AO LUGAR DE ORIGEM DELAS.

OS POVOS TÊM CRENÇAS, RITOS E ORAÇÕES DIFERENTES.

VEJA COMO ISSO ACONTECE EM ALGUMAS TRADIÇÕES RELIGIOSAS.

TRADIÇÕES RELIGIOSAS INDÍGENAS

AS CRIANÇAS INDÍGENAS OBSERVAM AS REZAS E PARTICIPAM DELAS, CANTAM MÚSICAS E DANÇAM COM SEU POVO.

NAS ALDEIAS, O PAJÉ ENSINA OS MAIS NOVOS, DÁ CONSELHOS, DIRIGE AS ORAÇÕES, OS CANTOS E AS DANÇAS. ELE TAMBÉM FAZ RITOS PARA CURAR OS DOENTES.

PAJÉ DA ETNIA DESSANA, EM MANAUS, AMAZÔNIA, 2015.

1. PINTE OS ESPAÇOS COM • E DESCUBRA QUEM ENSINA OS MAIS NOVOS NAS ALDEIAS.

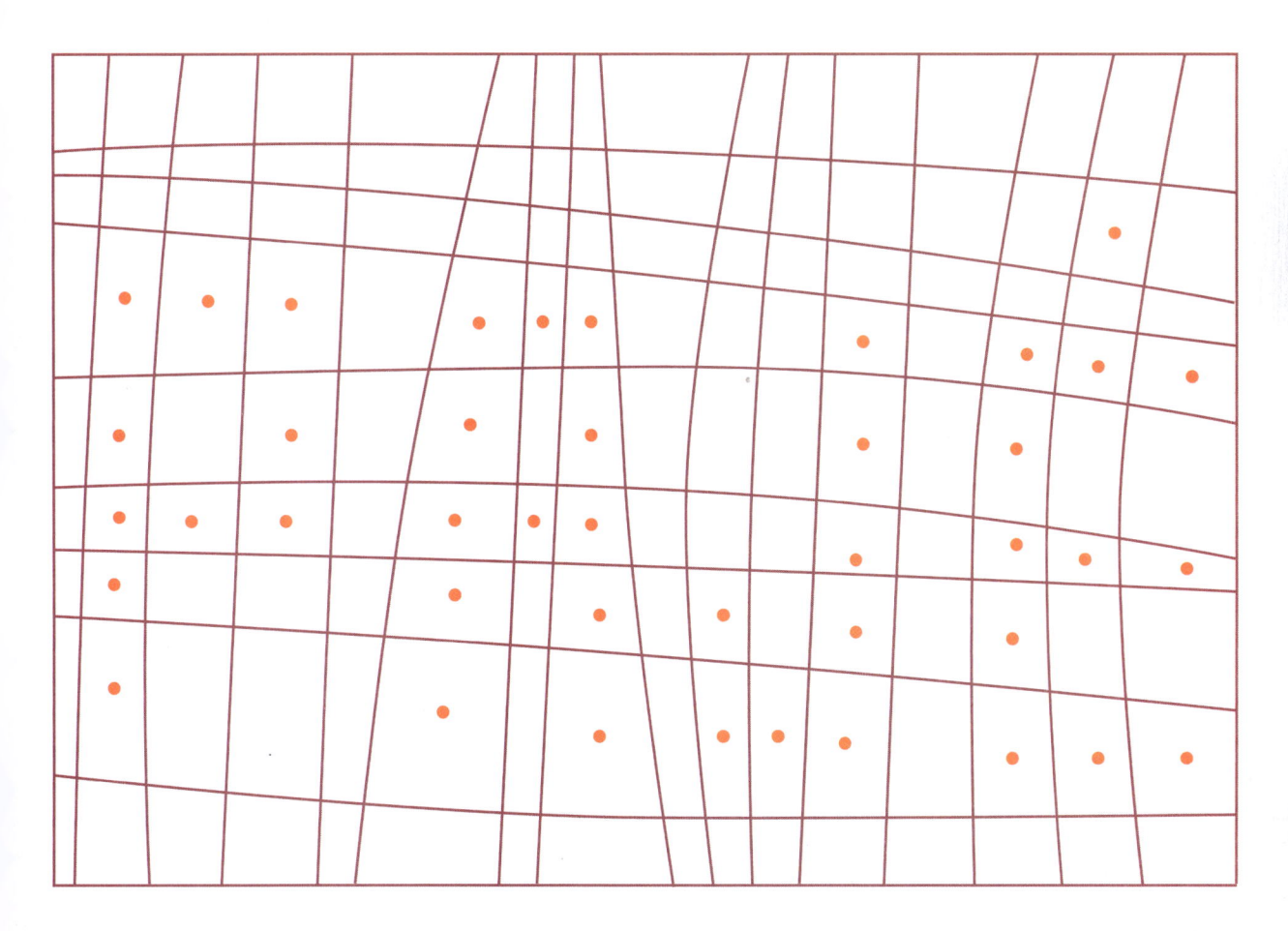

TRADIÇÕES RELIGIOSAS CRISTÃS

OS SEGUIDORES DO CRISTIANISMO SÃO CHAMADOS DE CRISTÃOS. ELES SEGUEM OS ENSINAMENTOS DE JESUS CRISTO, FILHO DE DEUS.

DURANTE SUA HISTÓRIA DE MAIS DE 2 MIL ANOS, O CRISTIANISMO TOMOU FORMAS VARIADAS. DA IGREJA CATÓLICA ROMANA, A MAIS ANTIGA DAS IGREJAS CRISTÃS, SURGIRAM MUITOS RAMOS.

É NA FAMÍLIA QUE MUITAS CRIANÇAS CRISTÃS APRENDEM OS PRIMEIROS ENSINAMENTOS DE SUA FÉ.

2. OBSERVE A CENA. JOÃO PAULO ESTÁ FAZENDO SUA ORAÇÃO ANTES DA REFEIÇÃO.

- COMO SERIA A ORAÇÃO DE JOÃO PAULO? REGISTRE.

TRADIÇÕES RELIGIOSAS AFRO-BRASILEIRAS

O CANDOMBLÉ, O TAMBOR DE MINA E O BATUQUE SÃO ALGUMAS TRADIÇÕES AFRICANAS.

OS LÍDERES RELIGIOSOS DO CANDOMBLÉ, POR EXEMPLO, RECEBEM O NOME DE **BABALORIXÁS**, SE FOREM HOMENS, OU DE **IALORIXÁS**, SE FOREM MULHERES. ELES SÃO RESPONSÁVEIS PELA CELEBRAÇÃO DOS RITOS, PELO ACOLHIMENTO E PELA TRANSMISSÃO DAS TRADIÇÕES, DOS ENSINAMENTOS E DOS RITOS DO CANDOMBLÉ.

3. OBSERVE AS ILUSTRAÇÕES ABAIXO E COMPLETE O NOME DOS LÍDERES RELIGIOSOS DO CANDOMBLÉ.

_____ O R I X Á    _____ O R I X Á

Conectado

O SAMBA, QUE É UMA MÚSICA POPULAR NO BRASIL, NASCEU DO RITMO DOS TAMBORES USADOS PARA REZAR, CANTAR E DANÇAR.

Arte que encanta

PESSOAS QUE VIVERAM NO BRASIL HÁ MILHARES DE ANOS REGISTRARAM SUAS EXPERIÊNCIAS E AS EXPERIÊNCIAS DE SEU GRUPO DE DIFERENTES FORMAS.

CONHEÇA UMA DELAS. ESTES DESENHOS FORAM FEITOS SOBRE A PEDRA.

PINTURAS RUPESTRES NO SÍTIO ARQUEOLÓGICO XIQUE-XIQUE I, EM CARNAÚBA DOS DANTAS, RIO GRANDE DO NORTE, 2014.

1. O QUE VOCÊ VÊ NESSA PINTURA?
2. PARA VOCÊ, O QUE AS PESSOAS ESTÃO FAZENDO?
3. POR QUE, NA SUA OPINIÃO, AS PESSOAS REGISTRARAM HISTÓRIAS EM PINTURAS?

Os povos e o sagrado

O(A) PROFESSOR(A) VAI LER UMA HISTÓRIA INDÍGENA DO POVO GUARANI.

MANDI, A MANDIOCA

MANDI, NETA DO CACIQUE, ERA UMA MENINA BEM BRANQUINHA. SUA PELE ERA DIFERENTE DO CASTANHO DOURADO DA PELE DOS DEMAIS INDÍGENAS. TODOS ESTRANHARAM NO COMEÇO, MAS A MENINA CRESCEU FELIZ.

UM DIA, MANDI ADOECEU E ACABOU MORRENDO.

SEU AVÔ FICOU MUITO TRISTE E CHOROU DIA E NOITE NA SEPULTURA DA MENINA. FORAM TANTAS AS LÁGRIMAS REGANDO O SOLO QUE DALI BROTOU UMA PLANTINHA. SUAS RAÍZES ERAM ESCURAS POR FORA, MAS BRANQUINHAS POR DENTRO, COMO A PELE DE MANDI. AS PESSOAS DECIDIRAM COZINHAR A RAIZ E VIRAM O QUANTO ERA DELICIOSA.

HISTÓRIA RECONTADA PARA ESTA OBRA.

Binh Thanh Bui/Shutterstock.com

- EM VÁRIAS COMUNIDADES INDÍGENAS, A MANDIOCA É A BASE DE COMIDAS E BEBIDAS CONSUMIDAS EM FESTAS E RITUAIS. QUE ALIMENTOS SUA FAMÍLIA COSTUMA PREPARAR EM DIAS DE FESTA? CONVERSE COM SEUS COLEGAS E REGISTRE.

Outros olhares

O(A) PROFESSOR(A) VAI LER PARA VOCÊ UM TEXTO SOBRE O MODO COMO OS INDÍGENAS MAIS VELHOS TRANSMITEM SUA CULTURA PARA OS MAIS NOVOS.

ANCIÃOS TRANSMITEM CULTURA INDÍGENA

NA MAIOR PARTE DAS SOCIEDADES INDÍGENAS A TRANSMISSÃO DOS ELEMENTOS CULTURAIS [...] É FEITA ORALMENTE E SÃO OS IDOSOS QUE DESEMPENHAM ESSA FUNÇÃO FUNDAMENTAL PARA A SOBREVIVÊNCIA DOS POVOS.

[...] ENTRE OS BANIWA, DO ALTO RIO NEGRO, OS IDOSOS SÃO OS RESPONSÁVEIS POR CONTAR AS HISTÓRIAS DA CRIAÇÃO DO MUNDO DURANTE OS RITUAIS DE PASSAGEM DE IDADE. [...]

DISPONÍVEL EM: <WWW.COMCIENCIA.BR>. ACESSO EM: 18 JUN. 2016.

A AVÓ XAVANTE CONTA HISTÓRIAS PARA O NETO, EM GENERAL CARNEIRO, MATO GROSSO, 2010.

- COMPLETE AS FRASES ESCREVENDO UMA DAS PALAVRAS DO QUADRO.

    A) ANTEPASSADOS – IDOSOS – EXPERIENTES

    NO TEXTO, OS MAIS VELHOS SÃO CHAMADOS DE _____.

    B) HISTÓRIAS – TRADIÇÕES – REZAS

    AS PESSOAS MAIS VELHAS TRANSMITEM A CULTURA CONTANDO _____ PARA OS MAIS NOVOS.

Teia do conhecimento

VIMOS QUE OS COSTUMES RELIGIOSOS DE NOSSAS FAMÍLIAS ESTÃO LIGADOS AO LUGAR DE ORIGEM DELAS.

> MEU AVÔ SEMPRE ME CONTA HISTÓRIAS DOS NOSSOS ANTEPASSADOS.

> MINHA PRIMA, QUE MORA NA ÁFRICA, ESCREVE TODAS AS HISTÓRIAS QUE ESCUTA DE SEUS AVÓS.

> EU ACHO MAIS IMPORTANTE CONHECER AS HISTÓRIAS DE HOJE EM DIA.

Atividades

1. ALGUÉM DA SUA FAMÍLIA GOSTA DE CONTAR HISTÓRIAS? QUEM? ESCREVA ABAIXO O NOME DESSA PESSOA.

_____

_____

2. PARA VOCÊ, É IMPORTANTE CONHECER A HISTÓRIA DE NOSSOS ANTEPASSADOS? POR QUÊ? CONVERSE COM OS COLEGAS.

Capítulo 2

ABRINDO UM IMPORTANTE BAÚ

ESTE É O SINAL DA ALIANÇA QUE COLOCO ENTRE MIM E VOCÊS E TODOS OS SERES VIVOS QUE ESTÃO COM VOCÊS [...]. COLOCAREI O MEU ARCO NAS NUVENS E ELE SE TORNARÁ O SINAL DA MINHA ALIANÇA COM A TERRA.

BÍBLIA, GÊNESIS, CAPÍTULO 9, VERSÍCULOS 12 E 13.

Novos horizontes

OBSERVE AS CRIANÇAS E OS OBJETOS QUE APARECEM NA ILUSTRAÇÃO.

- VOCÊ CONHECE ALGUM DESSES OBJETOS?
- SABE O NOME DELE?
- QUE OBJETO MAIS CHAMOU A SUA ATENÇÃO? POR QUÊ?

Construindo saberes

TALVEZ VOCÊ CONHEÇA ALGUNS DESTES OBJETOS.

EU NÃO CONHEÇO O OBJETO QUE ESTÁ NAS MÃOS DO JOÃO PAULO.

EU CONHEÇO, TAYNÃ. O NOME DELE É *MASBAHA*. LÁ EM CASA, CADA UM TEM O SEU.

É A FLOR DE LÓTUS, SÍMBOLO DA MINHA TRADIÇÃO RELIGIOSA.

E A FLOR QUE ESTÁ COM A SOFIA?

O *MASBAHA* TEM IMPORTÂNCIA PARA AMIN, POIS ESSE OBJETO É USADO NAS ORAÇÕES DA TRADIÇÃO RELIGIOSA DELE.

ALGUNS OBJETOS TÊM IMPORTÂNCIA MAIOR EM NOSSA VIDA.

MEU AVÔ USA O BONÉ DO TIME DELE NOS DIAS DE JOGO. SIMBOLIZA SEU AMOR PELO TIME DO CORAÇÃO.

MINHA MÃE TEM UMA CAMISA DA SELEÇÃO BRASILEIRA. NOS DIAS DE JOGO, ELA VESTE ESSA CAMISA PARA TORCER PELO BRASIL.

O BONÉ E A CAMISA SÃO IMPORTANTES PARA O AVÔ DE JOÃO PAULO E PARA A MÃE DE SOFIA PORQUE TÊM UM SIGNIFICADO ESPECIAL PARA ELES.

OBJETOS QUE TÊM SIGNIFICADO ESPECIAL PARA NÓS SE TORNAM SÍMBOLOS.

1. ALGUM OBJETO É IMPORTANTE PARA VOCÊ E O FAZ LEMBRAR-SE DE UM MOMENTO ESPECIAL? DESENHE ESSE OBJETO.

VAMOS CONHECER ALGUNS SÍMBOLOS DE DIFERENTES TRADIÇÕES RELIGIOSAS.

O MARACÁ É UM INSTRUMENTO PARECIDO COM UM CHOCALHO. ELE É MUITO IMPORTANTE NAS FESTAS E NOS RITOS INDÍGENAS, POIS ALGUNS POVOS ACREDITAM QUE, SEM O SEU SOM, AS PLANTAS NOVAS NÃO NASCEM.

MARACÁ

OS TAMBORES SÃO ESSENCIAIS NOS RITOS DA CULTURA AFRO-BRASILEIRA. O MENOR SE CHAMA LÉ, O MÉDIO SE CHAMA RUMPI E O MAIOR SE CHAMA RUM.

LÉ RUMPI RUM

O OBJETO AO LADO É UM CANDELABRO DE SETE BRAÇOS. SUA LUZ ILUMINA, AQUECE E INDICA DIREÇÃO. É CHAMADO DE MENORÁ E O ENCONTRAMOS NAS SINAGOGAS, LUGARES DE ORAÇÃO DOS JUDEUS.

MENORÁ

2. LIGUE CADA PERSONAGEM AO SÍMBOLO DE SUA TRADIÇÃO RELIGIOSA.

Saiba mais

VOCÊ SABIA QUE A LUA CRESCENTE JUNTO DA ESTRELA É O SÍMBOLO DO ISLAMISMO? ESSA LUA CRESCENTE REPRESENTA A RENOVAÇÃO. PARA OS MUÇULMANOS, A LUA TEM PAPEL FUNDAMENTAL, POIS ELES SEGUEM O CALENDÁRIO LUNAR. JÁ A ESTRELA SE RELACIONA AOS CINCO PILARES DESSA TRADIÇÃO RELIGIOSA: FÉ, ORAÇÃO, CARIDADE, JEJUM E PEREGRINAÇÃO.

Arte que encanta

OBSERVE A OBRA DE ARTE A SEGUIR. ELA SE CHAMA **POMBA DA PAZ** E FOI FEITA POR PABLO PICASSO, UM PINTOR ESPANHOL.

Pablo Picasso.1957. Lápis colorido no papel. Coleção Particular. Espanha. The Bridgeman/Keystone Brasil © Succession Pablo Picasso/AUTVIS, Brasil, 2016.

POMBA DA PAZ, DE PABLO PICASSO, 1957.

1. O QUE A POMBA SIMBOLIZA PARA MUITOS POVOS? COMENTE.
2. PARA VOCÊ, POR QUE PICASSO ESCOLHEU PINTAR UMA POMBA?

Biografia

PABLO PICASSO NASCEU NA ESPANHA, EM 1881, E FALECEU NA FRANÇA, EM 1973. FOI UM DOS MAIS IMPORTANTES ARTISTAS DE TODOS OS TEMPOS. ALGUMAS DE SUAS OBRAS DEMONSTRAM SUA GRANDE PREOCUPAÇÃO COM A PAZ NO MUNDO. ALÉM DE PINTURAS, ELE FEZ ESCULTURAS E DESENHOS E ESCREVEU POESIA.

Michel Sima/RDA/Getty Images

Os povos e o sagrado

EXISTE UM SÍMBOLO SAGRADO MUITO IMPORTANTE PARA OS CRISTÃOS CHAMADO CÍRIO PASCAL.

TRATA-SE DE UMA GRANDE VELA, QUE É ACESA DURANTE A PÁSCOA. ELA REPRESENTA JESUS, A LUZ DO MUNDO.

NESSA VELA APARECEM A PRIMEIRA E A ÚLTIMA LETRA DO ALFABETO GREGO, ALFA **A** E ÔMEGA Ω, QUE CORRESPONDEM ÀS LETRAS "A" E "Z" DO NOSSO ALFABETO.

ELAS SIGNIFICAM QUE JESUS É TUDO NA VIDA DOS CRISTÃOS. ELE É O PRIMEIRO E O ÚLTIMO, O MAIS IMPORTANTE.

> DISSE JESUS: EU SOU A LUZ DO MUNDO... QUEM ME SEGUE TERÁ A LUZ DA VIDA.
> BÍBLIA, JOÃO, CAPÍTULO 8, VERSÍCULO 12.

- COMPLETE A FRASE COM AS PALAVRAS DO QUADRO.

| CRISTO | ALFA | ÔMEGA | PRIMEIRO | ÚLTIMO | LUZ |

O CÍRIO PASCAL SIMBOLIZA O _____ VIVO. É A _____ QUE ILUMINA E GUIA O CRISTÃO. NESSA VELA ESTÃO ESCRITAS AS LETRAS GREGAS _____ E _____, O QUE SIGNIFICA QUE JESUS É O _____ E O _____.

Outros olhares

AS FOTOGRAFIAS SERVEM PARA NOS LEMBRAR DE ALGUÉM, DE UM MOMENTO QUE COMPARTILHAMOS COM AS PESSOAS QUE AMAMOS, DE LUGARES QUE VISITAMOS.

AS ESTÁTUAS PODEM TER A MESMA FUNÇÃO QUE AS FOTOGRAFIAS. EM ALGUMAS TRADIÇÕES RELIGIOSAS, ELAS SERVEM PARA NOS LEMBRAR DO TRANSCENDENTE.

UMA ESTÁTUA TAMBÉM PODE SER UM SÍMBOLO RELIGIOSO.

ESTÁTUA DE BUDA.

ESTÁTUA DE KRISHNA.

ESTÁTUA DE NOSSA SENHORA APARECIDA.

1. REÚNA-SE COM SEUS COLEGAS E LISTEM NO CADERNO OS LUGARES EM QUE PODEMOS ENCONTRAR IMAGENS COMO SÍMBOLOS RELIGIOSOS.

2. O QUE AS TRÊS FOTOGRAFIAS TÊM EM COMUM? COMENTE COM OS COLEGAS.

Teia do conhecimento

CONHECEMOS NESTE CAPÍTULO ALGUNS SÍMBOLOS RELIGIOSOS E ALGUNS QUE NÃO SÃO RELIGIOSOS.

> EU ACHEI INTERESSANTE SABER QUE A POMBA BRANCA É O SÍMBOLO DA PAZ.

> É VERDADE! MAS NÃO ENTENDO POR QUE PRECISAMOS DE SÍMBOLO PARA A PAZ...

Atividades

- AKINS É UM MENINO QUE BUSCA A PAZ. PENSANDO NAS ATITUDES QUE ELE TOMARIA, AJUDE-O A CHEGAR ATÉ SOFIA.

Capítulo 3

LUGARES DE FESTA E DE ENCONTRO

NA NOSSA CASA AMOR-PERFEITO É MATO
E O TETO ESTRELADO TAMBÉM TEM LUAR
A NOSSA CASA ATÉ PARECE UM NINHO
VEM UM PASSARINHO PRA NOS ACORDAR.

ARNALDO ANTUNES. A NOSSA CASA.
EM: **SAIBA**. ROSA CELESTE/BMG, 2004. 1 CD.

Novos horizontes

AO OBSERVARMOS A GRANDEZA DO CÉU, A FORÇA DO VENTO OU A VARIEDADE DE ANIMAIS E PLANTAS, PERCEBEMOS QUANTO A NATUREZA É BELA E QUANTO SOMOS FRÁGEIS E PEQUENOS.

- VOCÊ JÁ PERCEBEU COMO A NATUREZA É BONITA?
- O QUE VOCÊ MAIS ADMIRA NA NATUREZA?
- O QUE VOCÊ SENTE QUANDO ESTÁ EM CONTATO COM A NATUREZA?

Construindo saberes

PARA NOSSOS ANTEPASSADOS, A NATUREZA ERA CONSIDERADA ESPAÇO SAGRADO. ELES TINHAM UMA RELAÇÃO DE PROFUNDO RESPEITO E ADMIRAÇÃO COM A NATUREZA.

AS TRADIÇÕES RELIGIOSAS AFRICANAS E INDÍGENAS AINDA GUARDAM ESSA RELAÇÃO COM A NATUREZA.

NO CANDOMBLÉ, POR EXEMPLO, OS RITOS OCORREM NÃO SÓ EM TERREIROS E BARRACÕES, MAS TAMBÉM AO AR LIVRE, EM MEIO ÀS MATAS, AOS RIOS E ÀS CACHOEIRAS. ESSES LUGARES DA NATUREZA SÃO IGUALMENTE SEUS ESPAÇOS RELIGIOSOS.

> DESDE PEQUENO, EU VOU COM MINHA FAMÍLIA AO TERREIRO. LÁ EU ME SINTO PROTEGIDO.

RITO REALIZADO NO TERREIRO ILÊ AXÉ OBATALANDÊ, EM LAURO DE FREITAS, BAHIA, 2014.

Diálogos

CUIDAR DA NATUREZA É IMPORTANTE PARA A VIDA NO PLANETA TERRA. TODOS NÓS PODEMOS AJUDAR CUIDANDO DAS PLANTAS QUE JÁ EXISTEM E PLANTANDO NOVAS ÁRVORES!

OUTROS POVOS E RELIGIÕES TÊM COMO ESPAÇO RELIGIOSO UMA CONSTRUÇÃO.

CADA ESPAÇO É PREPARADO COM MUITO CUIDADO E ATENÇÃO. DENTRO DO ESPAÇO RELIGIOSO HÁ O QUE É NECESSÁRIO E IMPORTANTE. CADA LUGAR SAGRADO TEM SUAS CARACTERÍSTICAS.

"NOSSA IGREJA É DEDICADA À NOSSA SENHORA APARECIDA. EM UM DOS ALTARES, VEMOS UMA IMAGEM GRANDE DELA."

IGREJA CATÓLICA EM SÃO JOSÉ DO RIO PRETO, SÃO PAULO, 2008.

"NO TEMPLO BUDISTA, NÓS CANTAMOS ORAÇÕES PARA ILUMINAR NOSSA VIDA COM OS ENSINAMENTOS DO NOSSO MESTRE BUDA."

TEMPLO BUDISTA EM LUANG PRAPANG, LAOS, 2007.

"MEU PAI E EU SEMPRE VAMOS À MESQUITA ÀS SEXTAS-FEIRAS. NÓS REZAMOS E OUVIMOS A LEITURA DO CORÃO."

MESQUITA EM ISTAMBUL, TURQUIA, 2013.

58

"NO SÁBADO DE MANHÃ, MINHA FAMÍLIA E EU VAMOS À SINAGOGA. LEMOS NOSSO LIVRO SAGRADO, A TORÁ, E CANTAMOS EM HEBRAICO, QUE É A LÍNGUA DO MEU POVO, O JUDEU."

Marcia Minillo/Olhar Imagem

SINAGOGA EM SÃO PAULO, 2015.

- FECHE OS OLHOS E IMAGINE UM ESPAÇO SAGRADO. COMO ELE É? DESENHE-O ABAIXO.

Arte que encanta

A OBRA ABAIXO SE CHAMA **RODA INFANTIL**, DE CANDIDO PORTINARI, UM IMPORTANTE ARTISTA BRASILEIRO. VAMOS CONHECÊ-LA?

RODA INFANTIL, DE CANDIDO PORTINARI, 1932.

1. INDIQUE OS DETALHES QUE MAIS CHAMARAM A SUA ATENÇÃO.
2. CONVERSE COM SEUS COLEGAS SOBRE OS DETALHES QUE VOCÊ SELECIONOU E CONTE A ELES POR QUE VOCÊ OS ESCOLHEU.
3. PERTO DA SUA CASA, DA SUA ESCOLA OU NA SUA CIDADE, HÁ ALGUM ESPAÇO RELIGIOSO EM FRENTE A UMA PRAÇA COMO NA OBRA DE PORTINARI? COMENTE.

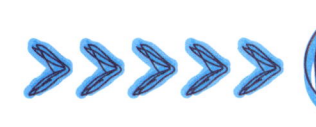

Os povos e o sagrado

O(A) PROFESSOR(A) VAI LER UMA ORAÇÃO QUE ESTÁ NO LIVRO DOS SALMOS.

> EU ME ALEGREI QUANDO ME DISSERAM: "VAMOS À CASA DO SENHOR".
>
> BÍBLIA, SALMO 122, VERSÍCULO 1.

- INDIQUE O LOCAL SAGRADO FREQUENTADO PELOS PERSONAGENS USANDO AS PALAVRAS DO QUADRO.

TEMPLO – MESQUITA
IGREJA – TERREIRO – SINAGOGA

A) FIQUEI MUITO FELIZ QUANDO ME DISSERAM: "VAMOS À _____"!

B) QUANDO ME DISSERAM: "VAMOS AO _____", FIQUEI MUITO ALEGRE!

C) COMO FOI BOM QUANDO ME DISSERAM: "VAMOS À _____"!

D) FIQUEI TÃO FELIZ QUANDO ME DISSERAM: "VAMOS AO _____"!

E) QUE FELICIDADE QUANDO ME DISSERAM: "VAMOS À _____"!

Outros olhares

AO LONGO DO TEMPO, AS PESSOAS FORAM SENTINDO NECESSIDADE DE CONSTRUIR ESPAÇOS SAGRADOS PARA REZAR E CELEBRAR SUA FÉ.

A BELEZA DESSES ESPAÇOS REVELA A GRANDEZA DO CRIADOR.

INSPIRAÇÃO: MESQUITA ROSA

[...] O NOME DA MESQUITA TEM ORIGEM NOS AZULEJOS RÓSEOS ENCONTRADOS EM SEU INTERIOR, MAS O JOGO DE LUZES FORMADO PELOS VITRAIS REFLETE TODAS AS CORES DO ARCO-ÍRIS.

DISPONÍVEL EM: <HTTPS://ESCAMBO.CO>. ACESSO EM: 8 SET. 2016.

MESQUITA NASIR, TAMBÉM CONHECIDA COMO MESQUITA ROSA, EM SHIRAZ, IRÃ, 2014.

- IMAGINE-SE ENTRANDO NESSE LUGAR SAGRADO. CONVERSE COM SEUS COLEGAS.

    A) QUAL SERIA SUA ATITUDE AO ENTRAR NESSE ESPAÇO?

    B) O QUE MAIS CHAMA SUA ATENÇÃO AO OBSERVAR A FOTO?

    C) POR QUE, NA SUA OPINIÃO, FORAM USADAS TANTAS CORES?

Teia do conhecimento

NESTE CAPÍTULO, VIMOS QUE ALGUMAS CRIANÇAS ACOMPANHAM SUAS FAMÍLIAS A ESPAÇOS RELIGIOSOS.

> EU VOU AOS SÁBADOS À SINAGOGA COM MINHA FAMÍLIA.

> AOS DOMINGOS EU VOU AO TEMPLO COM MEUS PAIS.

> MINHA FAMÍLIA E EU, AOS DOMINGOS, NOS ENCONTRAMOS COM AMIGOS PARA CONTAR HISTÓRIAS.

> ENTÃO VOCÊS NÃO VÃO À IGREJA AOS DOMINGOS?

Atividades

- NA SUA OPINIÃO, O QUE TORNA UM LUGAR SAGRADO?

_____
_____
_____

O que aprendi

- NAS FOTOS A SEGUIR, ESCREVA **E** PARA OS ESPAÇOS SAGRADOS E **S** PARA SÍMBOLOS RELIGIOSOS.

Para ouvir

SAMBA PRAS CRIANÇAS. PRODUÇÃO E IDEALIZAÇÃO DE ZÉ RENATO. RIO DE JANEIRO: BISCOITO FINO, 2003.

ESSE CD APRESENTA UM AFINADO CORO DE MENINOS E MENINAS QUE INTEGRAM A ONG TOCA O BONDE – USINA DE GENTE.

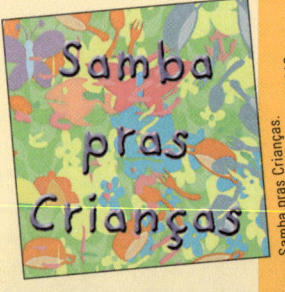

MÓDULO 3 — CONVIVER COM AS DIFERENÇAS

Sumário

CAPÍTULO 1

AS PESSOAS SÃO IMPORTANTES, 66
CONSTRUINDO SABERES: DIVERSIDADE E RESPEITO, 68
ARTE QUE ENCANTA: **VAMOS CIRANDAR**, DE BÁRBARA ROCHLITZ, 72
OS POVOS E O SAGRADO: HISTÓRIA DA TRADIÇÃO JUDAICA, 73
OUTROS OLHARES: CARTAS AO PAPA FRANCISCO, 74
TEIA DO CONHECIMENTO, 75

CAPÍTULO 2

ESPALHANDO SEMENTES DO BEM VIVER, 76
CONSTRUINDO SABERES: DIVERSIDADE RELIGIOSA, 78
ARTE QUE ENCANTA: MANDALAS TIBETANAS, 82
OS POVOS E O SAGRADO: HISTÓRIA DA TRADIÇÃO AFRICANA, 83
OUTROS OLHARES: DIVINDADE, 84
TEIA DO CONHECIMENTO, 85

CAPÍTULO 3

UM OLHAR DE FÉ PARA A NATUREZA, 86
CONSTRUINDO SABERES: CUIDADO COM A NATUREZA, 88
ARTE QUE ENCANTA: **RIO DUAS UNAS**, DE MÁRCIO PITA, 92
OS POVOS E O SAGRADO: HISTÓRIA DA TRADIÇÃO INDÍGENA, 93
OUTROS OLHARES: TIRA DO ARMANDINHO, 94
TEIA DO CONHECIMENTO, 95

O QUE APRENDI, 96
PARA ACESSAR, 96
MEU CADERNO DE ATIVIDADES, 97

Capítulo 1

AS PESSOAS SÃO IMPORTANTES

1. [...] TODA CRIANÇA DEVE TER DIREITOS IGUAIS AOS DAS OUTRAS CRIANÇAS DE QUALQUER LUGAR DO MUNDO.

FLAVIO DE SOUZA. **DIREITOS UNIVERSAIS DAS CRIANÇAS E DOS JOVENS.** SÃO PAULO: FTD, 2015. P. 30.

Novos horizontes

AS PESSOAS SÃO DIFERENTES UMAS DAS OUTRAS.
- O QUE AS CRIANÇAS DA IMAGEM TÊM DE SEMELHANTE?
- O QUE ELAS TÊM DE DIFERENTE?
- COMO SERIA SE TODO MUNDO FOSSE IGUAL?
- O QUE MAIS CHAMOU SUA ATENÇÃO NA IMAGEM?

Construindo saberes

PARA PERCEBER COMO OS SERES HUMANOS SÃO DIFERENTES, BASTA OBSERVAR AS PESSOAS QUE ESTÃO À NOSSA VOLTA! MESMO DIFERENTES, ELAS APRESENTAM SEMELHANÇAS.

TODO MUNDO TEM SANGUE.

TODO MUNDO TEM CORAÇÃO TAMBÉM.

E TODO MUNDO É GENTE!

É VERDADE!

PARA CONVIVERMOS BEM, É NECESSÁRIO RECONHECERMOS QUE TODAS AS PESSOAS SÃO SERES HUMANOS E MERECEM SER RESPEITADAS.

EU APRENDI QUE DEVEMOS FAZER AOS OUTROS O QUE QUEREMOS QUE FAÇAM A NÓS.

NO PAÍS EM QUE MEUS PAIS NASCERAM, ALGUNS COSTUMES SÃO BEM DIFERENTES DOS DAQUI DO BRASIL. QUANDO ELES VIERAM PARA CÁ, APRENDERAM MUITAS COISAS NOVAS E IMPORTANTES.

1. ACOMPANHE A LEITURA QUE O(A) PROFESSOR(A) VAI FAZER DESTES VERSOS SOBRE A DIVERSIDADE.

[...]
OLHO REDONDO
OLHO PUXADO
NARIZ PONTUDO
OU ARREBITADO

CABELO CRESPO
CABELO LISO
DENTE DE LEITE
DENTE DE SISO
[...]

UM É BEM JOVEM
OUTRO, DE IDADE
NADA É DEFEITO
NEM QUALIDADE

TUDO É HUMANO
BEM DIFERENTE
ASSIM, ASSADO
TODOS SÃO GENTE
[...]

TATIANA BELINKY. **DIVERSIDADE**. SEGUNDA EDIÇÃO. SÃO PAULO: FTD, 2015. P. 24, 26, 30, 32.

2. PINTE DE VERDE AS AFIRMAÇÕES VERDADEIRAS E DE VERMELHO AS FALSAS.

☐ AS PESSOAS TÊM OLHOS IGUAIS.

☐ AS PESSOAS SÃO DIFERENTES.

☐ SER JOVEM É UM DEFEITO.

☐ TODAS AS PESSOAS SÃO GENTE.

3. CRIE UM TÍTULO E NOVOS VERSOS PARA O POEMA.

_____
_____
_____
_____
_____
_____
_____
_____
_____

Conectado

AS DIFERENÇAS ENTRE AS PESSOAS TORNAM A VIDA MAIS INTERESSANTE. APRENDEMOS MUITO UM COM O OUTRO.

Arte que encanta

A OBRA A SEGUIR É DE BÁRBARA ROCHLITZ, UMA ARTISTA NASCIDA NA POLÔNIA, EM 1941.

BÁRBARA E SUA FAMÍLIA SE MUDARAM PARA O BRASIL QUANDO ELA TINHA 6 ANOS DE IDADE.

SUAS OBRAS APRESENTAM CENAS DO DIA A DIA BRASILEIRO, COM MUITAS CORES E ALEGRIA.

VAMOS CIRANDAR, DE BÁRBARA ROCHLITZ, 2013.

Barbara Rochlitz. Óleo sobre tela. 2013. Galeria Jacques Ardies, São Paulo.

1. COMO SÃO AS CARACTERÍSTICAS DAS CRIANÇAS REPRESENTADAS NA CENA?

2. O QUE ELAS ESTÃO FAZENDO?

3. O QUE MAIS CHAMA SUA ATENÇÃO NA CENA PINTADA?

Os povos e o sagrado

AS DIVERSAS TRADIÇÕES RELIGIOSAS NOS INCENTIVAM A VIVER EM PAZ, A RESPEITAR UNS AOS OUTROS E TAMBÉM A NATUREZA.

ACOMPANHE A LEITURA QUE O(A) PROFESSOR(A) VAI FAZER SOBRE COMO O JUDAÍSMO VALORIZA A PAZ.

> NÓS JUDEUS ACREDITAMOS E VENERAMOS TANTO DEUS QUANTO AS OUTRAS PESSOAS. [...] AMAR, PERDOAR E CUIDAR DAS OUTRAS PESSOAS SÃO ALGUMAS DAS FORMAS DE PRATICAR O JUDAÍSMO. CREMOS QUE QUANDO NOS FAZEMOS PESSOAS MELHORES, QUANDO NOS AMAMOS, QUANDO RESPEITAMOS A NATUREZA, QUANDO TEMOS FILHOS, QUANDO NOS ESFORÇAMOS POR SEMEAR A PAZ, ESTAMOS FAZENDO O QUE DEUS ESPERA DE NÓS. [...]
>
> IGNASI RICART, VERÓNICA STERNSCHEIN, MARIA RIUS. **JUDAÍSMO**. SÃO PAULO: AVE-MARIA, 2004. P. 28.

Noam Armonn/Shutterstock.com

- CIRCULE AS IMAGENS QUE ESTÃO DE ACORDO COM O PENSAMENTO DOS AUTORES DO TEXTO.

OI, PEDRO. VAMOS JOGAR FUTEBOL AMANHÃ?

Outros olhares

EM 2016, FOI LANÇADO O LIVRO **QUERIDO PAPA FRANCISCO: O PAPA RESPONDE ÀS CARTAS DE CRIANÇAS DO MUNDO TODO**. NELE, O LÍDER ESPIRITUAL DA IGREJA CATÓLICA RESPONDE A CRIANÇAS DE VÁRIAS IDADES.

ACOMPANHE A LEITURA DESTA PÁGINA DO LIVRO.

PAPA FRANCISCO. **QUERIDO PAPA FRANCISCO**: O PAPA RESPONDE ÀS CARTAS DE CRIANÇAS DO MUNDO TODO. SÃO PAULO: EDIÇÕES LOYOLA, 2016. P. 24.

1. EM SUA OPINIÃO, QUAL SERIA A RESPOSTA DO PAPA FRANCISCO PARA A MENINA QUE ESCREVEU A CARTA? CONVERSE COM OS COLEGAS.

2. O QUE VOCÊ PERGUNTARIA AO PAPA OU A OUTRO LÍDER RELIGIOSO? REGISTRE, ABAIXO, SUA PERGUNTA.

_____
_____
_____
_____

Teia do conhecimento

ACEITAR E RESPEITAR O OUTRO É IMPORTANTE PARA UMA CONVIVÊNCIA HARMONIOSA.

> SABE, SOFIA? QUANDO FUI PASSAR FÉRIAS NA CASA DA MINHA PRIMA, OS AMIGOS DELA NÃO ME CHAMAVAM PARA BRINCAR. ME SENTI TÃO TRISTE!

> NOSSA, JOÃO PAULO, QUE CHATO! NÃO ENTENDO. NOS DIVERTIMOS TANTO JUNTOS!

Atividades

- EM SUA OPINIÃO, POR QUE OS AMIGOS DA PRIMA DE JOÃO PAULO NÃO O CHAMAVAM PARA BRINCAR?

Saiba mais

O **ESTATUTO DA CRIANÇA E DO ADOLESCENTE** (ECA) GARANTE PROTEÇÃO INTEGRAL A CRIANÇAS DE ATÉ 12 ANOS E A ADOLESCENTES ENTRE 12 E 18 ANOS.

Andresr/Shutterstock.com

NOSSAS FAMÍLIAS TÊM DIFERENTES TRADIÇÕES RELIGIOSAS

Capítulo 2

ESPALHANDO SEMENTES DO BEM VIVER

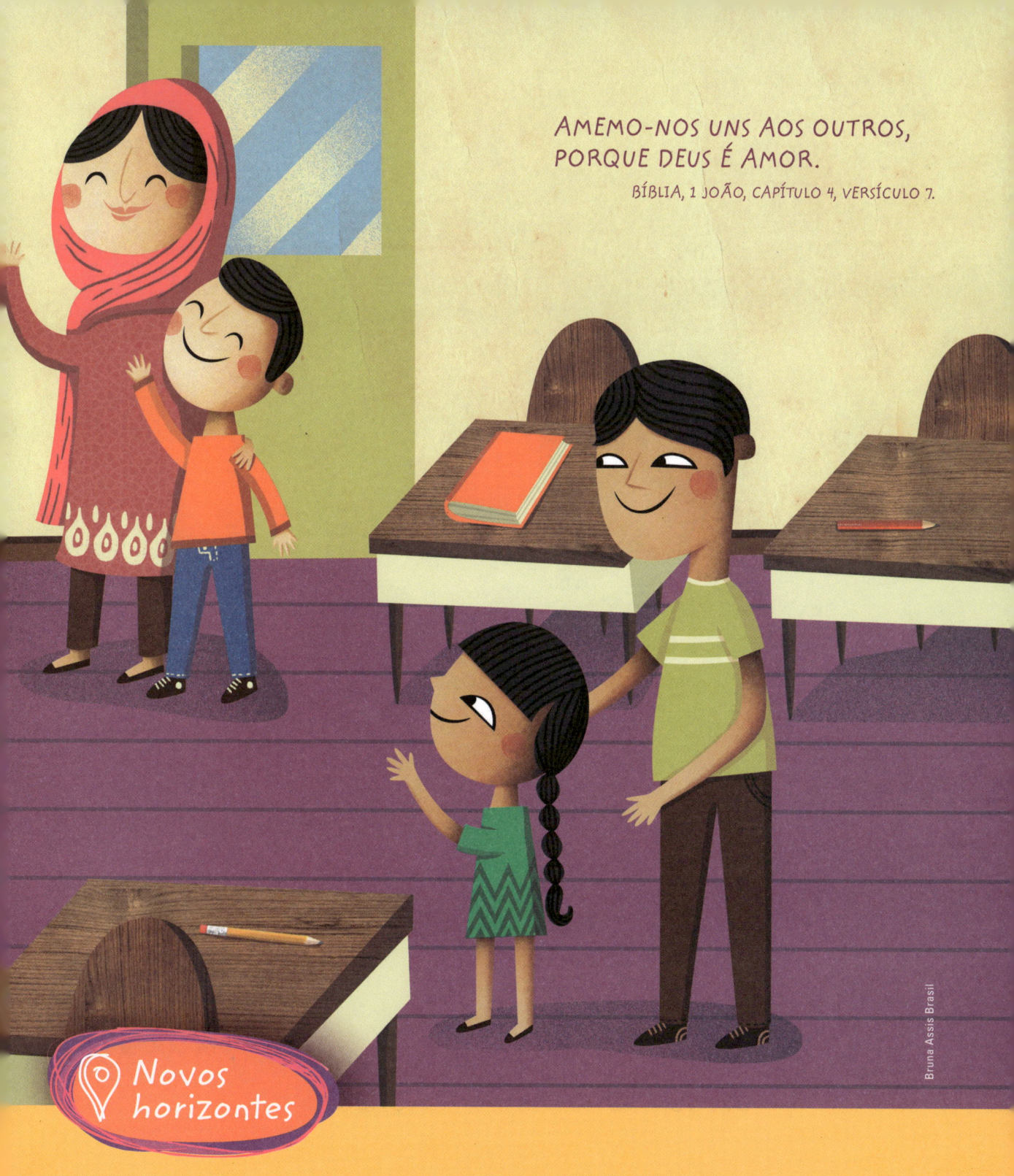

> AMEMO-NOS UNS AOS OUTROS, PORQUE DEUS É AMOR.
>
> BÍBLIA, 1 JOÃO, CAPÍTULO 4, VERSÍCULO 7.

Novos horizontes

ASSIM COMO RESPEITAMOS CADA PESSOA COMO É, DEVEMOS RESPEITAR TAMBÉM SUAS ESCOLHAS.

- IDENTIFIQUE NA ILUSTRAÇÃO A FAMÍLIA QUE SEGUE O CANDOMBLÉ.
- A MULHER COM O LENÇO NA CABEÇA FREQUENTA QUE ESPAÇO SAGRADO? POR QUÊ?
- EM SUA OPINIÃO, AS FAMÍLIAS DA CENA CONVIVEM DE FORMA RESPEITOSA?

Construindo saberes

EM NOSSO PAÍS, EXISTE MUITA DIVERSIDADE RELIGIOSA, POIS A POPULAÇÃO BRASILEIRA FOI FORMADA POR MUITOS POVOS.

PARA O BRASIL VIERAM PORTUGUESES, ANGOLANOS, FRANCESES, HOLANDESES, MOÇAMBICANOS, SUÍÇOS, ALEMÃES, POLONESES, JUDEUS, TURCOS, LIBANESES, ITALIANOS, JAPONESES, ESPANHÓIS, ENTRE OUTROS.

CADA UM DESSES POVOS TROUXE PARA O BRASIL SUA TRADIÇÃO RELIGIOSA E SUA FÉ EM UMA DIVINDADE.

OS PORTUGUESES, POR EXEMPLO, TROUXERAM O CRISTIANISMO E A FÉ EM UM DEUS QUE É PAI DE TODOS.

SOMOS TODOS IRMÃOS. JESUS NOS REVELOU O DEUS DE AMOR!

"PARA OS GUARANI, *NHANDERU ETE* SIGNIFICA DEUS VERDADEIRO."

OS INDÍGENAS, QUE JÁ HABITAVAM ESTAS TERRAS, ERAM DE DIFERENTES POVOS E ENXERGAVAM A DIVINDADE DE MODOS DIVERSOS.

MAS A FÉ EM UM SER BONDOSO, GRANDE CRIADOR, QUE ESTÁ EM PAZ COM TODOS OS SERES, É COMUM A MUITAS NAÇÕES INDÍGENAS.

O BUDISMO ENSINA A BUSCAR A PAZ, UMA VIDA SEM VIOLÊNCIA. VIVENDO ASSIM, É POSSÍVEL PERCEBER O QUE É IMPORTANTE NA VIDA: A PAZ, A UNIÃO, O BEM VIVER COM TODOS OS SERES.

"NÃO FALAMOS EM DIVINDADE COMO AS OUTRAS RELIGIÕES."

"PARA NÓS, NÃO HÁ OUTRO DEUS ALÉM DE ALÁ."

NO ISLAMISMO, A DIVINDADE É CHAMADA DE ALÁ. ELE É O ÚNICO, O TODO-PODEROSO.

"COM MUITA COR E ALEGRIA, MINHA RELIGIÃO FESTEJA A DIVINDADE."

OS SEGUIDORES DO CANDOMBLÉ, RELIGIÃO AFRO-BRASILEIRA, ACREDITAM NA EXISTÊNCIA DE UM SER SUPREMO. ELE É OLORUM OU OLODUMARÉ, O CRIADOR DE TODO O UNIVERSO.

NO JUDAÍSMO, TRADIÇÃO RELIGIOSA DO POVO JUDEU, O CRIADOR É MUITO PRÓXIMO DO SER HUMANO.

PARA NÓS, JUDEUS, O DIVINO CAMINHA CONOSCO E NUNCA NOS ABANDONA.

1. HÁ MUITAS TRADIÇÕES RELIGIOSAS. NELAS, AS DIVINDADES SÃO DIFERENTES, MAS HÁ TAMBÉM SEMELHANÇAS. ESCREVA DUAS SEMELHANÇAS.

_____

_____

_____

_____

2. LIGUE A FRASE À TRADIÇÃO RELIGIOSA A QUE SE REFERE.

O CRIADOR DE TODO O UNIVERSO É OLORUM.	CRISTIANISMO
ALÁ É O ÚNICO E MISERICORDIOSO.	JUDAÍSMO
É A RELIGIÃO DO POVO JUDEU.	BUDISMO
ENSINA A BUSCAR A PAZ.	ISLAMISMO
JESUS QUER QUE VIVAMOS COMO IRMÃOS.	INDÍGENA (POVO GUARANI)
AQUELE QUE CRIOU TODAS AS COISAS CHAMA-SE NHANDERU.	CANDOMBLÉ

3. ACOMPANHE A LEITURA DA HISTÓRIA DO **PATINHO FEIO** QUE O(A) PROFESSOR(A) FARÁ.

ERA UMA VEZ UMA MAMÃE PATA QUE PERCEBEU UM OVO A MAIS EM SEU NINHO E CUIDOU DELE COM O MESMO AMOR QUE CUIDAVA DOS OUTROS.

NO TEMPO CERTO, OS PATINHOS NASCERAM: CINCO IGUALMENTE FOFINHOS E UM DIFERENTE E DESENGONÇADO. À MEDIDA QUE CRESCIA, O PATINHO FEIO SE TORNAVA CADA VEZ MAIS DIFERENTE DOS IRMÃOS. ELES RIAM DELE E ISSO O DEIXAVA MUITO TRISTE. ATÉ QUE, ENVERGONHADO E CANSADO DE PIADAS, ELE DECIDIU IR EMBORA. FOI VIVER SOZINHO NA FLORESTA.

CERTO DIA, JÁ CRESCIDO, O PATINHO AVISTOU ELEGANTES E LINDOS CISNES NO LAGO E SENTIU-SE AINDA MAIS TRISTE E FEIO. PORÉM, AO SE APROXIMAR DA ÁGUA, LOGO PERCEBEU, EMOCIONADO: ELE ERA UM LINDO CISNE!

HANS CHRISTIAN ANDERSEN. **O PATINHO FEIO**.
RECONTADO ESPECIALMENTE PARA ESTA OBRA.

- CONVERSE COM OS COLEGAS SOBRE AS QUESTÕES A SEGUIR.
  - **A)** POR QUE O PATINHO FEIO ERA DIFERENTE DOS OUTROS?
  - **B)** EM UMA FAMÍLIA DE VÁRIOS IRMÃOS, TODOS SÃO IGUAIS? POR QUÊ?
  - **C)** EM SUA OPINIÃO, SER DIFERENTE É BOM OU RUIM? POR QUÊ?

Arte que encanta

A PREPARAÇÃO DAS **MANDALAS TIBETANAS** É UM IMPORTANTE RITUAL DA TRADIÇÃO BUDISTA. ELAS SÃO FEITAS COM PÓ DE MÁRMORE COLORIDO E LEVAM MUITAS HORAS PARA FICAR PRONTAS. PREPARAR UMA MANDALA É COMO FAZER UMA LONGA MEDITAÇÃO.

DEPOIS DE PRONTA, A MANDALA É IMEDIATAMENTE DESMANCHADA. ESSE É UM DOS MOMENTOS MAIS EMOCIONANTES DO RITUAL E REPRESENTA O IMPORTANTE ENSINAMENTO DE QUE TUDO NA VIDA É TRANSITÓRIO.

MANDALA TIBETANA.

1. POR QUE, EM SUA OPINIÃO, AS MANDALAS TIBETANAS SÃO FEITAS COM PÓ?

2. PARA O BUDISMO, TUDO É PASSAGEIRO, POR ISSO AS PESSOAS NÃO DEVEM TER APEGO A NADA. VOCÊ É APEGADO A SEUS PERTENCES?

Os povos e o sagrado

VEJA COMO IEMANJÁ AJUDOU ORUM, O SOL, A PROTEGER A TERRA.

ACOMPANHE A LEITURA.

IEMANJÁ SALVOU O SOL

ORUM, O SOL, ANDAVA MUITO CANSADO.
DESDE A CRIAÇÃO DO MUNDO, ELE NÃO TINHA MAIS DORMIDO. BRILHAVA DIA E NOITE PELA TERRA. CANSADO, ESTAVA A PONTO DE SE APAGAR.
OS ORIXÁS, PREOCUPADOS, RESOLVERAM AJUDAR. ELES SE REUNIRAM PRA PENSAR EM UMA FORMA DE ORUM PODER DESCANSAR.
IEMANJÁ, QUE GUARDAVA EM SUAS SAIAS ALGUNS RAIOS DE SOL, TEVE UMA IDEIA: DECIDIU ENVIAR ESSES RAIOS PARA ILUMINAR A TERRA, ENQUANTO O SOL FOSSE DESCANSAR.
OS RAIOS DE SOL, DEPOIS DE UM TEMPO, SE ENFRAQUECERAM. E, DELES, SURGIU A LUA.
DESDE ENTÃO, A LUA SURGE TODA NOITE NO CÉU PARA QUE O SOL POSSA DESCANSAR!

FONTE: REGINALDO PRANDI. **MITOLOGIA DOS ORIXÁS**. SÃO PAULO: COMPANHIA DAS LETRAS, 2001. P. 391-392.

- O QUE IEMANJÁ FEZ PARA SALVAR A TERRA?

_____
_____
_____
_____
_____

Outros olhares

CONHEÇA IDEIAS DE CRIANÇAS DE DIFERENTES TRADIÇÕES RELIGIOSAS. CADA UMA TEM SEU JEITO DE PENSAR NA DIVINDADE.

"DEUS NOS AMA E NOS ILUMINA. ELE ME AJUDA QUANDO ALGUÉM BRIGA COMIGO. [...]"
P. H. C., 10 ANOS, EVANGÉLICA

"NO ANTIGO TEMPO, NÃO CORTAVAM CABELO, ENTÃO DEUS TEM O CABELO LONGO. HOJE ELE TÁ NO MEIO DO CORAÇÃO DE TODO MUNDO. [...]"
B. D. S., 8 ANOS, CATÓLICA

"NÃO TEM UM DEUS FÍSICO. DEUS É TUDO E TUDO É DEUS. ELE É FEITO DE LUZ. O ARCO-ÍRIS, NO BUDISMO, REPRESENTA UMA PESSOA COM CORAÇÃO ILUMINADO."
A. S., 11, BUDISTA

ANNA VIRGINIA BALLOUSSIER E GABRIEL CABRAL. CRIANÇAS DE 9 RELIGIÕES DIFERENTES DESENHAM SEU JEITO DE ENCARAR DEUS. **FOLHA DE S.PAULO**, 14 DEZ. 2014.

- EM UMA FOLHA À PARTE, REPRESENTE A DIVINDADE COMO VOCÊ IMAGINA QUE ELA SEJA.

Teia do conhecimento

AS ESCOLHAS DAS PESSOAS DEVEM SER RESPEITADAS.

VIMOS QUE CADA PESSOA TEM OU NÃO UMA RELIGIÃO E QUE DEVEMOS RESPEITAR TODAS AS CRENÇAS.

COMO PODEMOS FAZER ISSO?

Atividades

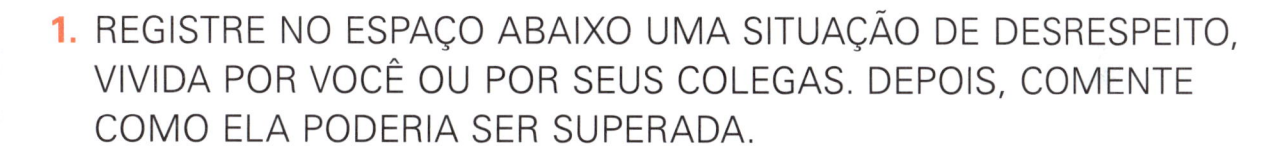

1. REGISTRE NO ESPAÇO ABAIXO UMA SITUAÇÃO DE DESRESPEITO, VIVIDA POR VOCÊ OU POR SEUS COLEGAS. DEPOIS, COMENTE COMO ELA PODERIA SER SUPERADA.

2. CONVERSE COM SEUS COLEGAS SOBRE COMO DEVEMOS RESPEITAR TODAS AS CRENÇAS.

Capítulo 3

UM OLHAR DE FÉ PARA A NATUREZA

DA FLORESTA VÊM AS HISTÓRIAS PARA CONTAR
E OS ESPÍRITOS QUE AJUDAM A CURAR.
NOSSA VIDA ANDA JUNTO COM A FLORESTA.

O LIVRO DAS ÁRVORES. ORG. GERAL DOS PROFESSORES TICUNA BILÍNGUES. SÃO PAULO: GLOBAL, 2000. P. 70.

Novos horizontes

DIVIDIMOS O MUNDO COM OUTROS SERES VIVOS: ANIMAIS E PLANTAS. POR ISSO DEVEMOS RESPEITAR O NOSSO PLANETA E TODOS OS SERES QUE VIVEM NELE.

- COMO VOCÊ E SUA FAMÍLIA CUIDAM DA NATUREZA?
- VOCÊ TEM ANIMAL DE ESTIMAÇÃO? CONHECE ALGUÉM QUE TENHA? COMO ELE É? COMO ELE É CUIDADO?

Construindo saberes

CUIDAR DO MEIO AMBIENTE SIGNIFICA CUIDAR DE NÓS MESMOS, DA NOSSA ESCOLA, DA NOSSA FAMÍLIA, DA RUA ONDE MORAMOS, DO NOSSO BAIRRO.

OS POVOS QUE VIVEM EM CONTATO DIRETO COM A NATUREZA SABEM "OUVIR" O QUE ELA "DIZ" E CULTIVAM UM PROFUNDO RESPEITO POR ELA.

> A TERRA PARA NÓS É PAI, MÃE. ASSIM COMO A MÃE TIRA DO SEU PRÓPRIO CORPO O ALIMENTO QUE DÁ VIDA AO FILHO, ASSIM DO SEIO DA TERRA TIRAMOS NOSSA SOBREVIVÊNCIA.
>
> MARÇAL TUPÃ'I, GUARANI NHANDEVA.

1. CIRCULE AS ATITUDES DE QUEM AMA O PLANETA TERRA E CUIDA DELE.

DEVEMOS CUIDAR DA NATUREZA.

SE NÓS FIZERMOS UMA HORTA, PODEREMOS PLANTAR VÁRIAS ERVAS.

PROFESSORA, MINHA AVÓ USAVA ALGUMAS ERVAS PARA PREPARAR CHÁS E PARA BENZER TAMBÉM.

NO ALTAR LÁ DE CASA, SEMPRE OFERTAMOS ÁGUA LIMPA, FLORES E CHÁ DE ERVAS PARA EXPRESSAR GRATIDÃO.

NO TERREIRO QUE EU FREQUENTO, USAMOS ALGUMAS ERVAS NAS REZAS.

QUE BOM! VAMOS FAZER UMA HORTA E TAMBÉM APRENDER COMO ALGUMAS RELIGIÕES UTILIZAM O QUE VEM DA NATUREZA EM DIFERENTES MOMENTOS.

PARA OS SEGUIDORES DE MUITAS RELIGIÕES, OS SERES HUMANOS SÃO OS RESPONSÁVEIS POR CUIDAR DA TERRA E DE TODAS AS DEMAIS CRIATURAS.

BUDISMO

PARA OS BUDISTAS, TODAS AS FORMAS DE VIDA ESTÃO LIGADAS COMO UMA COMUNIDADE. ISSO TAMBÉM ACONTECE COM OS SERES HUMANOS, OS ANIMAIS E AS PLANTAS.

CRISTIANISMO

PARA OS CRISTÃOS, O SER HUMANO DEVE SER UM BOM CUIDADOR DA NATUREZA. ELE DEVE CUIDAR DA TERRA COMO CRIAÇÃO DE DEUS.

ISLAMISMO

PARA OS MUÇULMANOS, O UNIVERSO INTEIRO É CRIAÇÃO DE ALÁ. POR ISSO, A TERRA PERTENCE A ELE E CABE AOS SERES HUMANOS GUARDAR TUDO O QUE EXISTE NO PLANETA.

JUDAÍSMO

PARA OS JUDEUS, O UNIVERSO INTEIRO FOI CRIADO POR JAVÉ, QUE COLOCOU O SER HUMANO NA TERRA PARA CUIDAR DELA.

CANDOMBLÉ

NA CULTURA IORUBÁ, QUE VEIO DA ÁFRICA, OLORUM, O SER SUPREMO, É O CRIADOR DE TUDO O QUE EXISTE. ELE CRIOU PLANTAS E ANIMAIS DE TODAS AS CORES E TAMANHOS.

No sentido horário: EkaterinaSaff, Bariskina, Le Panda, Nata Kuprova, todas da Shutterstock.com.

2. ENCONTRE OS SETE ERROS.

💬 Diálogos

PODEMOS AJUDAR A CUIDAR DA NATUREZA REALIZANDO A COLETA SELETIVA DOS RESÍDUOS. QUANDO SEPARAMOS ADEQUADAMENTE O QUE DESCARTAMOS, TORNAMOS POSSÍVEL A REUTILIZAÇÃO DE DIVERSOS MATERIAIS. A NATUREZA AGRADECE!

Arte que encanta

MUITAS PINTURAS REPRESENTAM A BELEZA DA NATUREZA, COMO A OBRA **RIO DUAS UNAS**, DE MÁRCIO PITA, ARTISTA BRASILEIRO NASCIDO EM JABOATÃO DOS GUARARAPES, PERNAMBUCO, EM 1958.

RIO DUAS UNAS, DE MÁRCIO PITA, 2008.

Márcio Pita. 2008. Óleo sobre tela. Coleção Particular.

1. DOS ELEMENTOS REPRESENTADOS NA OBRA, QUAL FOI CRIADO PELO SER HUMANO?

2. QUEM PODERIA TER CRIADO OS DEMAIS ELEMENTOS QUE APARECEM NA OBRA?

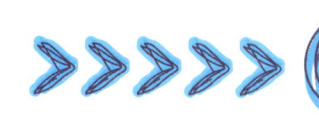

Os povos e o sagrado

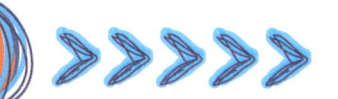

O POVO INDÍGENA TUPINAMBÁ, QUE VIVE EM OLIVENÇA, NO SUL DA BAHIA, CANTA E DANÇA O *PORANCY*, RITO NO QUAL ELES CANTAM À LUA, QUE EM TUPI SE CHAMA JACY, E A TUPÃ, SUA DIVINDADE.

CANTO À LUA (PRIMEIRA E SEGUNDA PARTES)

JACY É A NOSSA LUA.
QUE CLAREIA A NOSSA ALDEIA
TUPÃ VENHA *RAMIÁ*,
ILUMINAR A NOSSA ALDEIA.

EU VOU PEDIR À MINHA MÃE JACY
QUE ELA VENHA NOS AJUDAR
EU VOU PEDIR A MEU PAI TUPÃ
PRA NOSSA ALDEIA SE LEVANTAR

SEBASTIÁN GERLIC. **CANTANDO AS CULTURAS INDÍGENAS**. COORDENAÇÃO GERAL DE EDUCAÇÃO ESCOLAR INDÍGENA, 2012. P. 38-39.

Olena Z/Shutterstock.com

1. O *PORANCY* UNE O POVO À NATUREZA. QUE ELEMENTO DA NATUREZA APARECE NO CANTO LIDO? COMENTE COM OS COLEGAS.

2. AGORA, REÚNA-SE COM OS COLEGAS PARA CRIAR A LETRA DE UMA CANÇÃO QUE CELEBRE A NATUREZA.

Outros olhares

ARMANDINHO ESTÁ APRENDENDO A SEPARAR OS RESÍDUOS. VAMOS VER COMO ELE ESTÁ SE SAINDO?

Quadro 1:
— NÃO JOGUE CASCA AÍ!
— PRECISAMOS SEPARAR O LIXO!

Quadro 2:
— O MEIO AMBIENTE DEPENDE DA GENTE!
— "CASCAS" SÃO NA LETRA "C"!

Quadro 3:
— VOCÊS SEPARAM O LIXO ASSIM NA ESCOLA?
— ESTOU EVOLUINDO O CONCEITO!

Alexandre Beck

- VAMOS AJUDAR ARMANDINHO A SEPARAR OS RESÍDUOS? LIGUE.

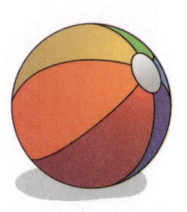

METAIS   VIDROS   PLÁSTICOS   PAPÉIS

Teia do conhecimento

> EU FUI À PRAIA NO ÚLTIMO FERIADO E VI MUITA SUJEIRA JOGADA NA AREIA E NO MAR. QUASE CORTEI O PÉ NUM PEDAÇO DE VIDRO.

> EU NÃO ME PREOCUPO MUITO COM A SUJEIRA JOGADA NO CHÃO!

Atividades

- CONVERSE COM OS COLEGAS.

    A) VOCÊ JÁ VIU EM ALGUM LUGAR A MESMA SITUAÇÃO QUE TAYNÃ OBSERVOU NA PRAIA? O QUE PODERIA SER FEITO PARA RESOLVER O PROBLEMA?

    B) O QUE VOCÊ FARIA SE VISSE ALGUÉM DA SUA FAMÍLIA JOGANDO SUJEIRA NO CHÃO?

Biografia

RYAN HRELJAC NASCEU EM OTTAWA, CANADÁ, EM 1991. AOS 6 ANOS, AO SABER QUE CRIANÇAS DO LESTE DA ÁFRICA ANDAVAM QUILÔMETROS PARA BUSCAR ÁGUA, ARRECADOU DINHEIRO SUFICIENTE PARA CONSTRUIR UM POÇO ARTESIANO. DESDE ENTÃO, ESSA É SUA MISSÃO: LEVAR ÁGUA ONDE HÁ SECA.

O que aprendi

ENCONTRE O CAMINHO QUE MOSTRA BOAS AÇÕES.

ENTRADA

SAÍDA

RESPEITAR É IMPORTANTE

Para acessar

SITE DA TURMINHA DO MINISTÉRIO PÚBLICO FEDERAL. ACERVO DIGITAL DISPONÍVEL EM: <WWW.TURMINHA.MPF.MP.BR/>. ACESSO EM: 16 JUN. 2016.

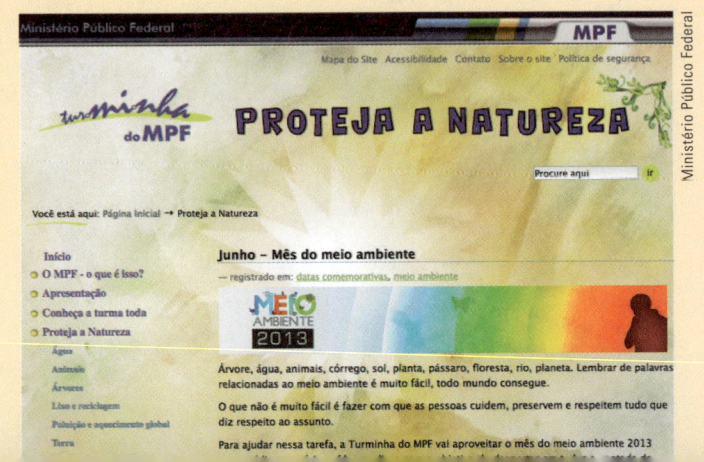

Meu caderno de atividades

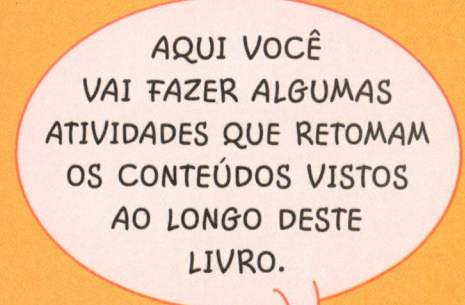

"AQUI VOCÊ VAI FAZER ALGUMAS ATIVIDADES QUE RETOMAM OS CONTEÚDOS VISTOS AO LONGO DESTE LIVRO."

"ALÉM DE APLICAR SEUS CONHECIMENTOS, VOCÊ TAMBÉM VAI SE DIVERTIR! VAMOS LÁ?"

Módulo 1
Capítulo 1
Página 10

VAMOS LER A HISTÓRIA?

O HÁBITO DE PRESENTEAR AS PESSOAS DAS QUAIS GOSTAMOS É MUITO ANTIGO E SIMBOLIZA O NOSSO AMOR PELO PRÓXIMO.

EM QUE OCASIÕES VOCÊ GANHA PRESENTES?

QUEM SÃO AS PESSOAS QUE LHE DÃO PRESENTES?

UMA HISTÓRIA DA SABEDORIA BUDISTA

UM HOMEM SE APROXIMOU DE BUDA, O ILUMINADO, E COMEÇOU A INSULTÁ-LO.

BUDA OLHAVA TRANQUILAMENTE PARA O HOMEM, SEM SE IMPORTAR COM AQUELAS PALAVRAS HORRÍVEIS. ATÉ QUE O HOMEM SE CANSOU E FOI EMBORA.

– MESTRE – PERGUNTARAM OS JOVENS QUE ASSISTIRAM A TUDO –, POR QUE VOCÊ NÃO REAGIU?

– PENSEM BEM. SE ALGUÉM LHE DÁ UM PRESENTE E VOCÊ SE RECUSA A ACEITÁ-LO, COM QUEM FICA O PRESENTE?

– CERTAMENTE COM QUEM QUERIA LHE DAR O PRESENTE.

– EXATAMENTE. NÃO ACEITEM OS INSULTOS.

E TODOS PUSERAM-SE A PENSAR NAQUELA LIÇÃO.

RECONTADA DA TRADIÇÃO ORAL.

AGORA VOCÊ VAI PREPARAR UM CARTÃO PARA PRESENTEAR UMA PESSOA MUITO QUERIDA.

MATERIAL

- CARTOLINA OU PAPEL COLORIDO.
- TESOURA DE PONTAS ARREDONDADAS.
- LÁPIS PRETO.
- LÁPIS DE COR OU CANETAS HIDROGRÁFICAS.

COMO FAZER

- CORTE A CARTOLINA OU O PAPEL COLORIDO DO TAMANHO QUE DESEJAR.
- DOBRE AO MEIO O PEDAÇO QUE VOCÊ CORTOU.
- FAÇA UM DESENHO OU COLE UMA FIGURA NA FRENTE DO CARTÃO.
- PINTE O DESENHO.
- NA PARTE DE DENTRO DO CARTÃO, ESCREVA UMA MENSAGEM PARA QUEM VOCÊ O DESTINARÁ OU FAÇA MAIS UM DESENHO.

PRONTO! AGORA É SÓ ENTREGAR O CARTÃO A SEU AMIGO QUERIDO E DEMONSTRAR TODO O SEU CARINHO POR ELE.

Módulo 1
Capítulo 2
Página 13

OBSERVE OS JOGADORES DE FUTEBOL NA ABERTURA DO CAMPEONATO MUNDIAL. ELES ESTÃO PRATICANDO UM RITO, QUE É O DE CANTAR O HINO NACIONAL DE SEU PAÍS.

ENCONTRE E CIRCULE OS COLEGAS DA TURMA AMIN, DAVI, AKINS E SOFIA. ELES ESTÃO ASSISTINDO AO JOGO. DEPOIS, PINTE A CENA.

101

Módulo 1
Capítulo 3
Página 23

USAMOS OS CALENDÁRIOS PARA INDICAR OS DIAS, AS SEMANAS E OS MESES DO ANO, AS FASES DA LUA, AS FESTAS RELIGIOSAS E OS FERIADOS DO NOSSO PAÍS.

VAMOS MONTAR UM PEQUENO CALENDÁRIO COM AS FESTAS RELIGIOSAS QUE VOCÊ CONHECE?

JANEIRO

FEVEREIRO

MARÇO

ABRIL

MAIO

JUNHO

JULHO

AGOSTO

SETEMBRO

OUTUBRO

NOVEMBRO

DEZEMBRO

Módulo 2
Capítulo 1
Página 37

MUITOS INDÍGENAS PINTAM O CORPO PORQUE QUEREM DIZER QUE PERTENCEM A UM GRUPO; OUTROS FAZEM ISSO PORQUE ESTÃO ALEGRES, TRISTES OU SE PREPARANDO PARA UM MOMENTO ESPECIAL NA COMUNIDADE.

PARA NÓS, OS DESENHOS PODEM SER APENAS BONITOS, MAS PARA OS INDÍGENAS ELES ESTÃO CHEIOS DE SIMBOLISMO.

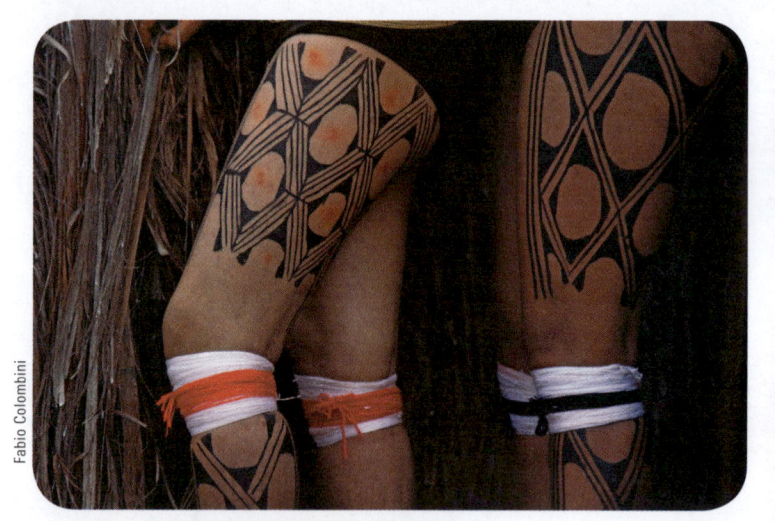

FAÇA PINTURAS INDÍGENAS NO CORPO DESTAS CRIANÇAS.

Módulo 2
Capítulo 3
Página 57

AS PESSOAS MAIS VELHAS OUVIRAM E VIVERAM MUITAS HISTÓRIAS. ALGUMAS DESSAS PESSOAS SÃO BOAS CONTADORAS DE HISTÓRIAS. É O CASO DO MESTRE BASTIÃO.

O(A) PROFESSOR(A) VAI LER A HISTÓRIA EM QUADRINHOS. AO FINAL, PINTE E COMPLETE A CENA.

HOJE RECEBEREMOS UM CONTADOR DE HISTÓRIAS! SEU NOME É MESTRE BASTIÃO.

QUE BACANA!

ONDE ELE TRABALHA?

ELE CONTA HISTÓRIAS NAS ESCOLAS. EM ALGUNS LUGARES, ELE É CHAMADO DE GRIÔ.

O QUE É UM GRIÔ?

É UMA PESSOA QUE TRANSMITE A TRADIÇÃO ORAL DE SUA REGIÃO. O MESTRE BASTIÃO É UM CANTADOR DA FOLIA DE REIS.

— O QUE É FOLIA DE REIS?

— É UMA FESTA PARA LEMBRAR A HOMENAGEM QUE OS TRÊS REIS MAGOS FIZERAM AO MENINO JESUS. ESSA FESTA ACONTECE NO DIA 6 DE JANEIRO.

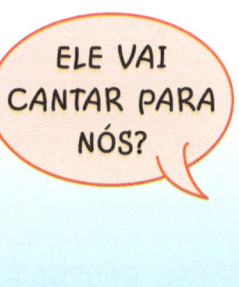

— ELE VAI CANTAR PARA NÓS?

— SIM. ELE CANTARÁ ALGUMAS DAS MÚSICAS QUE SEU GRUPO CRIOU.

Módulo 3
Capítulo 1
Página 74

VAMOS ENCENAR A PARÁBOLA DO PAI E SEUS DOIS FILHOS? SIGAM AS ORIENTAÇÕES.

1. O NARRADOR SERÁ O(A) PROFESSOR(A). DEFINAM QUEM INTERPRETARÁ OS SEGUINTES PERSONAGENS:
   - PAI
   - FILHO MAIS VELHO
   - FILHO MAIS NOVO

2. PREPAREM OS FIGURINOS E O CENÁRIO COM RECORTES DE PAPEL, TECIDO E SUCATA.

3. O(A) PROFESSOR(A) LERÁ A HISTÓRIA PARA QUE VOCÊS A ENCENEM. ENSAIEM ALGUMAS VEZES E DEPOIS MARQUEM UM DIA PARA APRESENTAR A HISTÓRIA AOS COLEGAS DAS OUTRAS TURMAS.

OS EMPREGADOS DO MEU PAI SE ALIMENTAM MELHOR DO QUE EU. JÁ SEI! VOU VOLTAR PARA A CASA DO MEU PAI E LHE PEDIR PERDÃO.

SEU IRMÃO VOLTOU, E SEU PAI ESTÁ TÃO FELIZ QUE FEZ UMA FESTA.

MEU FILHO, VOCÊ ESTÁ SEMPRE COMIGO E TUDO O QUE É MEU É SEU. MAS O SEU IRMÃO ESTAVA PERDIDO E, FELIZMENTE, VOLTOU PARA NÓS.

Módulo 3
Capítulo 3
Página 91

- VOCÊ E UM COLEGA VÃO BRINCAR COM UM JOGO DE TABULEIRO CHEIO DE ATITUDES POSITIVAS COM RELAÇÃO AO PRÓXIMO! PARA ISSO, VOCÊS VÃO PRECISAR DE UM DADO E DE TAMPAS DE CANETA DE CORES DIFERENTES.

O JOGO PELO BEM DO PRÓXIMO

INÍCIO

1

2

AJUDEI MINHA COLEGA A CARREGAR A MOCHILA PESADA. AVANCE UMA CASA.

4

5

22

7

RESPEITEI A OPINIÃO DO OUTRO. AVANCE DUAS CASAS.

NÃO ME IMPORTEI COM A OPINIÃO DO MEU COLEGA. VOLTE UMA CASA.

8

9

NÃO CONTRIBUÍ COM A ARRUMAÇÃO DO MEU QUARTO. VOLTE UMA CASA.

20

11

19

NÃO AJUDEI MEU IRMÃO MAIS VELHO A ORGANIZAR A CASA. FIQUE ONDE ESTÁ.

13

14

NÃO AJUDEI MEU COLEGA COM OS DEVERES DE MATEMÁTICA. VOLTE DUAS CASAS.

16

17

VALORIZEI AS CONTRIBUIÇÕES DOS MEUS COLEGAS. AVANCE TRÊS CASAS.

27 — **26** — **24** — **23**

29 RECONHEÇO QUE TODAS AS CRIANÇAS TÊM DIREITOS IGUAIS. AVANCE DUAS CASAS.

30

VALORIZEI AS DIFERENÇAS DE OPINIÃO. AVANCE TRÊS CASAS.

32 — **33** — **34**

AJUDEI MINHA COLEGA NA AULA DE EDUCAÇÃO FÍSICA. AVANCE DUAS CASAS.

NÃO ME PREOCUPEI COM OS PEDIDOS DO MEU PROFESSOR. VOLTE DUAS CASAS.

36 — **37**

GOSTEI DE CONHECER OS COSTUMES DO NOVO ALUNO. AVANCE TRÊS CASAS.

39

PREFIRO UMA CONVIVÊNCIA HARMONIOSA NA SALA DE AULA. AVANCE DUAS CASAS.

41 — **42** — **43** — **44** — **45** — **FIM**

111

Módulo 3
Capítulo 3
Página 92

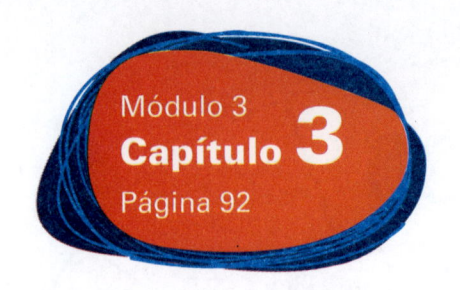

VAMOS REAPROVEITAR MATERIAIS PARA FAZER UM PORTA-LÁPIS DE MONSTRINHO.

MATERIAL

- GARRAFA PET.
- LÁPIS PRETO.
- TESOURA COM PONTAS ARREDONDADAS.
- MOLDES.
- COLA EM BASTÃO.
- COLA COLORIDA.
- PAPÉIS COLORIDOS.

COMO FAZER

O(A) PROFESSOR(A) VAI AJUDÁ-LO A CORTAR A GARRAFA PET. VOCÊ USARÁ A PARTE DA BASE DELA. DEPOIS, SIGA O PASSO A PASSO.

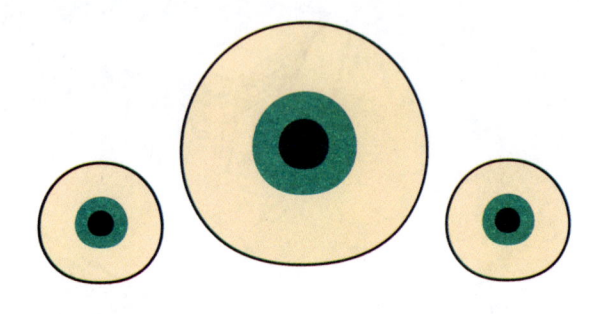

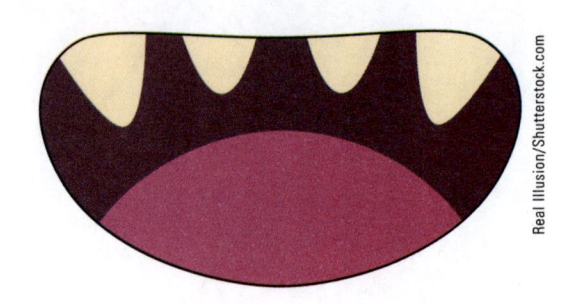

Real Illusion/Shutterstock.com

1. COPIE OS MODELOS DOS OLHOS, DO NARIZ E DA BOCA DO MONSTRINHO NOS PAPÉIS COLORIDOS.
2. RECORTE AS FIGURAS.
3. COLE AS FIGURAS NA GARRAFA PET.
4. USE A COLA COLORIDA PARA DECORAR SEU PORTA-LÁPIS COMO DESEJAR.

CARTONADO - MÓDULO 1 - PÁGINA 7

- DESTAQUE AS PEÇAS E SIGA AS ORIENTAÇÕES DO(A) PROFESSOR(A).

CARTONADO - MÓDULO 2 - PÁGINA 59

- VAMOS CONHECER ALGUNS DOS ESPAÇOS SAGRADOS PARA OS INTEGRANTES DA TURMA. DESTAQUE AS PEÇAS E MONTE O QUEBRA-CABEÇA COM UM COLEGA.

115

CARTONADO - MÓDULO 3 - PÁGINA 94

- VAMOS FAZER UMA LIXEIRA DE MESA COM POTE DE SORVETE? VOCÊ VAI UTILIZAR AS FIGURAS ABAIXO PARA DECORÁ-LA. SIGA AS ORIENTAÇÕES DO(A) PROFESSOR(A).